まえがき

平成５年に現行の計量法が施行されてから二十余年が経過する今日、計量制度を取り巻く環境は、経済社会の国際化や科学技術の進歩が格段に加速されるなどもあり、大きく変貌している。

平成28年11月には計量行政審議会答申「今後の計量行政の在り方―次なる10年に向けて」が取りまとめられ、技術の進展や使用者ニーズの多様化等の状況の変化を受け、将来的な計量行政の在り方が示された。

一方、国際基本単位の定義の改定が進められており、質量ではキログラム原器に換わり基礎物理定数を採用する等、大きな転換が図られようとしている。

このような状況の中、計量に関する用語も年々数が増えてきて、時代とともに用語のもつ意味や解釈が変わってきているものもある。それにともなって用語の意味や概念を簡単に知りたいという要求も増えてきていることから、初心者からベテランまで幅広い読者に現場で使える用語集として本書を企画したものである。

なお、本書は計量関連用語の意味・概要について、素早く知ることができることに主眼を置いているため、法令等の用語を分かりやすく言い換えたものや簡略化したものもある。

用語について正確な意味や定義を知るためには、必ず関係法令・JIS規格・国際計量基本用語集（VIM）等の原典を参照されたい。

適正な計量の推進を図り、より一層、計量の信頼性を確保し、国民の生活を守るべく日々計量関係に携わる方々にとって、本書が業務の一助となれば幸甚である。

平成29年９月

計量実務研究会一同

本書のご利用にあたって

1．本書「キーワード式　知りたい用語がすぐに見つかる！計量実務事典」は、計量法等関係法令・各種関連文書で使われる用語や業務の中で頻出する用語について、簡潔に、かつ分かりやすく解説する用語解説集です。

2．本書の内容は、原則として平成29年６月30日時点のものです。

3．用語は基本的に五十音順で並べています。英語表記の用語につきましては、アルファベット読み（例：「ILAC」→「あいらっく」）に基づいています。ただし、一般的な読みのあるもの（「JIS」→「じす」等）はそちらに基づくこととします。また、複数の名称等のある用語は、本文中に矢印で参照先を示しています（例：「国際法定計量機関　⇒　OIML」）。

4．本書の構成は以下の通りです。

■タイトル：解説するキーワード名。略称や一般的な呼称等がある場合はタイトルの後にカッコ書きで記してあります。

■分類：「商品量目」・「検定・検査」等、キーワードを分野にあわせて分類したものです。「分類別索引」から用語を検索することも可能です。

■解説：各キーワードの意味・内容・背景等についての解説。

■定義：そのキーワードの根拠となる法令、条文名等（入っていないものもあります）。「定義別索引」から用語を検索することも可能です。

■関連用語：当該キーワードに関連する用語のある場合に、その用語と登載頁を示しています。

5．計量に関するコラム「計量トリビア」を随所に登載しました。計量単位の成り立ち等、計量に関する豆知識等が多く収録されておりますので、本文とあわせてご一読ください。

6．用語の検索性を高めるよう、「キーワード索引」・「分類別索引」・「定義別索引」の３種類の索引を設けました。
7．本文中で用いている法令名の略称につきましては、以下の通りとなります。

〔法令略称一覧〕

法令名	略称
計量法（平成４年法律第51号）	法
計量法施行令（平成５年政令第329号）	施行令
計量法施行規則（平成５年通商産業省令第69号）	施行規則
計量単位令（平成４年政令第357号）	単位令
計量単位規則（平成４年通商産業省令第80号）	単位規則
指定定期検査機関、指定検定機関、指定計量証明検査機関及び特定計量証明認定機関の指定等に関する省令（平成５年通商産業省令第72号）	検査機関の指定等に関する省令
特定計量器検定検査規則（平成５年通商産業省令第70号）	検定検査規則
特定商品の販売に係る計量に関する政令（平成５年政令第249号）	特定商品の販売に関する政令
特定商品の販売に係る計量に関する省令（平成５年通商産業省令第37号）	特定商品の販売に関する省令

キーワード索引

さ

し

す

せ

そ

た

ち

つ

て

と

分類別索引

【計量単位】

【商品量目】

【検定・検査】

【計量証明】

【計量器の校正】

【行政機関・行政事務】

【届出・手続】

【計量器の製造・修理・販売】

【適正計量管理】

【計量教習】

【国際化対応】

定義別索引

【計量法（平成４年法律51号）】

【旧計量法（昭和26年法律207号）】

【計量法施行令（平成５年政令329号）】

【基準器検査規則（平成５年通商産業省令71号）】

【指定定期検査機関、指定検定機関、指定計量証明検査機関及び特定計量証明認定機関の指定等に関する省令（平成５年通商産業省令72号）】

【指定製造事業者の指定等に関する省令（平成５年通商産業省令77号）】

【日本工業規格（JIS）】

【その他】

計量トリビア　目次

あ

■ISO　⇒　国際標準化機構（74 p）

■ISO/IEC 17020

分類　法令・規格・規程名

解説　計量計測分野において、試験・検査結果について国際整合性を求められた場合の“検査機関”として適合するには、マネジメントシステムとして「検査機関の認定のための一般要求事項」を確実に履行することが必要となる。

この規格は、ISO9001：2015の規定項目に合わせた規定となっている。検査機関は、独立性に応じてタイプA、タイプB、タイプCの３つに分類される。

タイプAが最も独立性の高い第三者検査機関、タイプBは、親組織のみに提供する検査機関、タイプCは、親組織のみに関わらず外部にも提供する検査機関である。対象とする検査機関の業務に応じて顧客から求められるタイプに応じた運用システムを選択して活用できる。

検定・検査の実施主体は、このISO/IEC 17020マネジメントシステムの基本的な理解の上に立った運用が望ましい。

■ISO/IEC 17025

分類　法令・規格・規程名

解説　計量計測分野において、試験・検査結果について国際整合性を求められた場合の“検査機関”として適合するには、マネジメントシステムとして「試験所及び校正機関の能力に関する一般要求事項」を確実に履行することが必要となる。

ISO/IEC 17025には、ISO/IEC 17020には求められていない「技術的要求事項」が定められている。計量法では、法134条、法143条において、この国際規格を採用した“計量標準供給制度”として“JCSS”がある。

JCSSは任意制度であるが、計量法の登録制度であり、（独）製品評価技術基盤機構（NITE）の審査を受け、システムが適確に運用されていることを認定されていなければならない。

関連用語 JCSS（82ｐ）

■ISO9000シリーズ

分類 法令・規格・規程名

解説 ISO9000シリーズは、品質保証の国際規格として1987年に制定され、1994年、2000年、2008年に続き2015年に第５版が発行された。

ISO9000シリーズには、ISO9000、ISO9001、ISO9002、ISO9003及びISO9004があったが、ISO9001、ISO9002、ISO9003は、2000年にISO9001として統合された。この国際規格改定の動向に合わせて国内規格であるJIS Q 9001も2015年に改定されている。組織が提供する製品及びサービスについての信頼を与え、それによって顧客満足を向上させることを目的とした要求事項を規定している。

ISO9000は、Quality management systems-Fundamentals and vocabularyとして、要求事項ではないが、品質マネジメントシステムを理解するための予備知識を与え、用語、定義及び概念を定めている。また、ISO9004は、自己評価の方法論に関する手引きとして別建てとなっている。

品質マネジメントの原則とは、次の事項をいう。

１．顧客重視　　２．リーダーシップ　３．人々の積極的参加

4．プロセスアプローチ　5．改善　6．客観的事実に基づく意志決定　7．関係者管理

■IQマーク

分類 国際化対応

解説 OIMLのTC 6委員会では「国際包装商品認証システム（ISCP）」を立案することを検討し、この制度で認証された商品に「IQマーク」を表示することを議論していたが、このプロジェクトは中断された。ただし、この制度を支持する国々の要望により、OIMLは、包装商品認証制度を必要とする国々のために、ガイド文書を残すことを検討しているが、最終決定はされていない。

包装商品の内容表記については、OIML R79「包装商品のラベル表記に関する要求事項」が発行されているが、認証までは踏み込んでいない。

■相手先商標製品　⇒　OEM（21 p）

■合番号

分類 検定・検査

解説 検出部と表示部が一体でない計量器の場合には、これを組み合わせた計量器として検定・検査を行い、管理される。双方が適合している記号として、同じ番号を付すことを“合番号”という。

法74条2項において、「変成器付電気計器検査に合格した電気計器及びこれとともに使用する変成器には、合番号を付す」と規定されていることから、それぞれに同じ番号を付す。この場合には、検定検査規則第27条で「打ち込み印又は押し込み印により、電気計器の外箱及び変成器の見やすい箇所に取り付けた金属片その他の物体に、様式により付すものとする」と規定されている

（様式例：東00001）。

また、検定検査規則12条（分離することができる表示機構）では、分離することができる表示機構の表示値の器差が検定公差に適合するかどうかを個々に定める必要がある場合には、検出部と分離できる表示機構に合番号を付す規定となっている。

定義 法74条２項、３項、検定検査規則12条１項、27条

関連用語 電力量計（136ｐ）、表示機構（170ｐ）

■ILAC（国際試験所認定協力機構）

分類 組織名

解説 ILAC（国際試験所認定協力機構）は、70以上の国や地域の審査機関を会員として、試験所（ラボラトリー）や校正機関、検査機関等の能力を認定し、検査結果の公平性を保証し、検査報告書がどこでも受け入れられることを目指している国際協力機構である。会員は70ヶ国を超える各地域の審査機関である。審査機関は試験所の能力を審査し、認定を行うが、この審査機関自体の審査能力を実証出来なければ、この仕組みは信用されない。このため、会員の審査機関はILACの相互承認協定に署名し、互いに査察評価を行うことにより、互いの能力・レベルを確認し、受け入れる。また、評価に必要な、認定の審査基準や運営方針に関する指針を取り決め、それに適合する個々の試験所や校正機関の能力レベルを保証し、試験データの信頼性を高めることにより、国を超えて、産業界や国当局での受け入れを可能とし、世界のどこか一ヶ所で試験された結果がどこでも通用することを最終目的としている。

■アジア太平洋計量計画 ⇒ APMP（14ｐ）

■アジア太平洋試験所認定協力機構　⇒　APLAC（8 p）

■アジア太平洋法定計量フォーラム　⇒　APLMF（14 p）

■ASNITE

分類　計量制度

解説　ASNITE（Accreditation System of National Institute of Technology and Evaluation：製品評価技術基盤機構認定制度）は、製品評価技術基盤機構（NITE）独自の認定制度である。他の認定制度（JCSS、MLAP、JNLA等）には当てはまらない校正事業者、試験事業者、標準物質生産者、製品認証機関を対象にしている。例えば、国立研究開発法人産業技術総合研究所計量標準総合センター（NMIJ）は校正事業者としてASNITE認定を取得し、それによって国際的に評価されている。また、ASNITEは排ガス測定設備など複合的システムの認定にも適用が可能である。

関連用語　製品評価技術基盤機構（116 p）

■値付け

分類　計量器の校正

解説　一般には、商品の価格を決めること値付けという。法においては、標準物質の値付けのことをいい、製造された標準物質を特定標準物質と比較して、量の値を決定し、その値を、製造された標準物質に添付される証明書又は認証書に記載することである。計量器の校正に相当する行為であり、法では「計量器の校正と標準物質の値付け」をまとめて「計量器の校正」と定義している。

定義　法 2 条 7 項、 8 項、136条 2 項

関連用語　計量器の校正（51 p）

■アネロイド型

分類　計量器

解説　「アネロイド」とは、「水（又は液）を使用していない」こと（非液）を意味する。

医師が聴診器を用い水銀柱の高さで血圧を測定するものは、水銀（液体）を使用しているので「アネロイド型」ではない。

この水銀柱式のものは「医療用機器」ではあるが「特定計量器」には含まれない。

「アネロイド型」計量器については次の用語「アネロイド型圧力計」及び「アネロイド型血圧計」を参照のこと。

関連用語　アネロイド型圧力計（６ｐ）、アネロイド型血圧計（７ｐ）

■アネロイド型圧力計

分類　計量器

解説　アネロイド型圧力計には、圧力を受ける感圧部の形状により以下の２つのものがある。

１　ブルドン管式：ブルトン管は、圧力や温度の計測に用いられる、中空で扁平な曲がった金属の管。圧力計の場合、管内の気体の圧力が高くなると管が変形し、その先端の変位から圧力を計測するしくみとなっている。主に高圧用圧力計に用いられている。

２　ベローズ型式：ベローズとは蛇腹を意味する英語（bellows)。外周にちょうちん状の深いひだを持った薄い金属円筒状の物で、軸方向に伸縮可能な受圧素子であり、その特性を用いて圧力を計測する。耐圧に限度がある為、低圧用圧力計に用いられる。

特定計量器となるアネロイド型圧力計は以下の通り。

・圧力計の目盛範囲（絶対圧力0.1～200.2ＭＰa）

・最小の目量は、計ることができる最大の圧力と最小の圧力の差が150分の1以上のもの（蓄圧式消火器用のものおよびアネロイド型血圧計を除く)。

・アネロイド型血圧計

また、一般的な圧力計の目盛はゲージ圧（大気圧を0としたもの）を用いる。取引・証明に使用する場合は検定証印が必要で、法2条3項に基づき、みなし証明に該当する場合がある。

なお、「アネロイド型」の項で解説の通り、液体を用いた水柱、水銀柱式のものは含まれない。

定義 施行令2条8号イ

関連用語 アネロイド型（6p)、アネロイド型血圧計（7p）

■アネロイド型血圧計

分類 計量器

解説 主に家庭で使用されている血圧計で、医療機関等で使用されている水銀柱式のものは含まれない。なお、血圧の単位「mmHg」（ミリメートル水銀）は、この高さの単位「ミリメートル（mm)」と水銀の記号「Hg」を組み合わせたものである。

なお、アネロイド型血圧計には、主に以下の2つがある。

1　電気式：圧力センサー、信号の変換回路、表示部などからできていて、最高・最低血圧を容易に自動測定するもので、広く家庭に普及している。

2　電気式以外：弾性体のひずみを利用して圧力を測定し、それを文字盤と針で圧力を示すもの。聴診器でK音（コロトコフ音：カフ（血圧を測定する際に用いる袋状のベルト）と聴診器を組み合わせて、カフを締め付けた際に発生する血管音）を聴きながら文字盤の指針を見て測定する。

1、2とも譲渡するには制限があり、検定証印がないと販売等できない。

定義 施行令２条８号ロ

関連用語 アネロイド型（６ｐ）、アネロイド型圧力計（６ｐ）

■APLAC（アジア太平洋試験所認定協力機構）

分類 組織名

解説 APLAC（Asia Pacific Laboratory Accreditation Cooperation：アジア太平洋試験所認定協力機構）はアジア太平洋域内の試験所／校正機関を会員として設立された地域機構である。会員は他国による査察評価（Peer Evaluation）を受けて同等性を実証した後、相互承認取り決め（MRA）に署名し、互いの試験報告書／証明書を認めることを要求される。日本からはIAJapan（独立行政法人製品評価技術基盤機構認定センター）、JAB（公益財団法人日本適合性認定協会）及びVLAC（株式会社電磁環境試験所認定センター）が参加し、相互承認取り決めに署名している。上部機関はILACである。

関連用語 ILAC（４ｐ）

■アボガドロ国際プロジェクト

分類 国際化対応

解説 アボガドロ定数は基礎物理定数の一つで、一定量（１モル）の物質の中の原子又は分子の数である。この定数の精度を上げるための国際的な研究プロジェクトが「アボガドロ国際プロジェクト」である。この研究は、一定容積のシリコン球の中の分子の数を数え上げることによって、定数を算出しようとするもので、国際度量衡委員会が主導し、日本、オーストラリア、ドイツ、イタリア、イギリス、米国等の国立計量研究所が参加している。アボガドロ定数の精度を上げる目的は質量の再定義のためである。現在の質量の世界標準は現実にパリで保管されているキログラム原器という物であって、わずかながら経年変化が認められる。この状態では現在の高精度計測には不都合であるので、物によらない、基礎物理定数に基づく質量の再定義の方法が模索されてきた。その一つがアボガドロ定数による方法で、もう一つのプランク定数による方法（ワットバランス法）と合わせて、定義の改訂が可能になりつつある。現在のキログラム原器の不確かさは 5×10^{-8} だが、新定義では 2×10^{-8} より小さくすることが目標である。

関連用語 国際度量衡総会（74 p）、国際度量衡局（73 p）、不確かさ（179 p）

い

■eマーク

分類 国際化対応

解説 欧州連合（EU）統一市場において、包装商品の質量又は容量が欧州指令76/211/EEC（Directive 76/211/EEC）の基準に適合していることを表示するマーク。マークは質量又は容量表示の近傍に表示されなければならない。また、eは3 mm以上の高さの小文字で表示する。

関連用語 cマーク（81 p）、kマーク（45 p）

■EU指令

分類 国際化対応

解説 欧州連合（EU）がその加盟国を対象とする法の一種で、加盟国はその指令に適合するように国内法を整備する義務がある。

法定計量に関しては、欧州計量器指令（MID）2014/32/EUがある。EU内で計量器の統一市場を構築するために、10種類の特定計量器（質量計、水道メータ、電力量計、タクシーメータ等）

についての必要要求事項及び製造者の適合性評価手順等を規定している。非自動はかりについては、2014/31/EU指令（Directive 2014/31/EU）が、包装商品については、76/211/EEC指令（Directive 76/211/EEC）が、ガラスびん商品については、75/107/EEC指令（Directive 75/107/EEC）が出ている。

■位相角

分類 検定・検査

解説 交流の電気に使用する変成器で一次側から二次側へ変換するときに、この角度にずれが生じる。この角度のずれは、一次側の変化に対し二次側の変化が遅れる場合と進む場合とがある。

この時のずれを角度で表したものを位相角という。

位相角は、電力を測定するときに誤差要因となり、この誤差は、位相角が大きいほど大きくなる。しかし、比例するものではない。

関連用語 変成器（184 p）

■一級基準分銅

分類 計量器

解説 計量法に定められた特定計量器である質量計の検定、定期検査に用いる計量器で「基準器検査」に合格した分銅の種類の一つであり、そのクラスが一級であるもの。

この基準器検査は、都道府県知事が行う。基準器検査に合格した計量器には、基準器検査証印が付されるとともに、基準器検査成績書が交付される。

基準器検査の合格条件は、構造と器差が定められており、経済産業省令で定める方法により、計量器の校正を行い合否が定められる。一級基準分銅の材質は、分銅の公称質量によって異なるが、真ちゅう、ニッケル、洋銀、ステンレス鋼が一般的である。

その計量器にJCSS校正証明書が添付されているものは、その証明書の内容が一定の条件を満たせば器差検査は行わなくてもよい。

定義 法102条～105条、基準器検査規則４条

関連用語 基準器検査（38ｐ）、基準分銅（42ｐ）、計量器の校正（51ｐ）

■一般計量証明事業

分類 計量証明

解説 計量証明の事業を行おうとする者は、施行規則の区分に従い、その事業所ごとにその所在地を管轄する都道府県知事の登録を受けなければならない。

登録の区分は運送、寄託又は売買の目的たる貨物の積卸し又は入出庫に際して行うその貨物の長さ、質量、面積、体積又は熱量に係る証明事業の５区分である。

登録の基準は計量証明に使用する器具、機械又は装置がその区分に応じて必要な数量があることと、一般計量士若しくは一般計量主任者が置かれていることである。

計量証明事業者は登録を受けた日から施行令で定める期間ごとに都道府県知事の検査を受けなければならない。その検査周期は非自動はかり、分銅及びおもりは２年、皮革面積計は１年である。

定義 法107条１号

関連用語 計量証明事業（55ｐ）、環境計量証明事業（35ｐ）

■一般財団法人化学物質評価研究機構
（CERI：Chemicals Evaluation and Research Institute, Japan）

分類　組織名

解説　1949年に財団法人ゴム製品検査協会として設立され、1999年からCERIとして化学物質に関する評価、試験・校正、標準供給、分析、研究・開発等の業務を行い、法による指定校正機関として特定標準ガス・液の供給を行うとともに、特定計量証明事業者（MLAP)、ISO/IEC17025認定（JCSS、JNLA他）、ASNITE認定も取得している。

関連用語　ISO/IEC17025（1p）、ASNITE（5p）、MLAP（19p）、JCSS（82p）

■一般財団法人日本品質保証機構
（JQA：Japan Quality Assurance Organization）

分類　組織名

解説　1957年に輸出品検査指定機関として設立され、1990年代からJQAとしてマネジメントシステム認証、計測器の校正・検定、電気・機械製品の試験、建設材料の検査等の業務を行うようになった機関である。校正対象分野は長さ、質量、電気、放射線、振動、温度、濃度などで、法に基づく指定校正機関として、熱量の標準物質、指定検査機関として特定計量器の検定を行っている。また、JCSS、A2LA及びVLACのISO/IEC17025認定を取得している。

関連用語　ISO/IEC17025（1p）、JCSS（82p）

■違反勧告

分類　法規制

解説　都道府県知事又は特定市町村の長は特定商品の販売又は輸入の事業を行う者が、量目公差、内容量の表記の義務を遵守していないことにより、その特定商品を購入する者の利益が害される恐れがあると認められるときは、これらの者に対して必要な措置をとるべきことを勧告し、この勧告に従わなかったときはその旨を公表することができる。

また、正当な理由がなくその勧告に係る措置をとらなかったときは、その勧告に係る措置をとるべきことを命じることができる。この命令に従わないときは罰則の適用がある。

なお、勧告は一般的には、法148条に基づく商品量目立入検査の結果により行われる。

定義　法15条、173条

関連用語　立入検査（128ｐ）、改善命令（29ｐ）

う

■Wt%（ウェイトパーセント）

分類　計量単位

解説　ウェイトパーセントとは質量パーセント濃度（%）で、数式で表すと

〔例〕＝　溶質の量　g　÷　溶液（溶媒＋溶質）の量　g×100

＊パーセント（百分率）濃度であることから、100倍する。

つまり、100g（溶液の質量）中に含まれている溶質の量の割合を求めた濃度である。

計量法では濃度の計量単位「質量百分率」の単位を表す標準の記号は「%」であり、「Wt%」の記号を用いることは認められて

いないが、「質量」を表記するならば「%（質量）」又は、数値に添えて「質量百分率」と記載する方法も可能。2016年現在、環境分析分野では、Wt%の記号を用いたいとの要望がある。

定義　単位規則２条１項１号（別表２）

え

■APMP（アジア太平洋計量計画）

分類　組織名

解説　APMPはAsia Pacific Metrology Program（アジア太平洋計量計画）の略称である。APMPはアジア太平洋地域各国の計量標準研究所（わが国からはNMIJ）が集まり、専門家の交流、技術サービスの交換等を通じて、地域の計量標準の水準向上を図っている。メンバーとしては32ヶ国から51の標準機関が参加し、量別の技術委員会を設け、国際比較等を実施している。また、BIPMの枠組みの中で、地域計量機関（Regional Metrology Organization：RMO）としての機能も果たしている。

関連用語　国際度量衡局（73ｐ）

■APLMF（アジア太平洋法定計量フォーラム）

分類　組織名

解説　APLMFはAsia-Pacific Legal Metrology Forum（アジア太平洋法定計量フォーラム）の略称である。法定計量に関するアジア太平洋地域の組織で、オーストラリア、ブルネイ、カンボジア、カナダ、チリ、中国、コロンビア、香港、インドネシア、日本、韓国、北朝鮮、ラオス、マレーシア、メキシコ、モンゴル、ニュージーランド、パプアニューギニア、ペルー、フィリピン、ロシア、シンガポール、台湾、タイ、アメリカ、ベトナムが会員である。アジア太平洋地域の計量に係わる技術的及び行政的障害を無くすことを目指し、相互の情報交換と教育実習等を行うとともに、OIMLの地域機関として機能している。

関連用語　OIML（19 p）

■H級、M級、O級

分類　計量器

解説　平成５年11月１日に施行された新計量法により規定された「はかり」の（旧）精度と等級であり、目量・目量の数・使用範囲の下限については次の表のように規定されている。

＜H級、M級及びO級のはかりの精度等級表＞

精度等級	目量（e）	目量の数（n=Max/e）		使用範囲の下限（Min）
		最少	最大	
H級	0.01g≦e≦0.05g	2 001	—	20e≦Min
	0.1g≦e	10 001	—	
M級	0.01g≦e≦0.05g	100	2 000	20e≦Min
	0.1g≦e≦0.5g	100	10 000	20e≦Min
	1 g≦e	1 001	10 000	20e≦Min
O級	1 g≦e	100	1 000	10e≦Min

＊　現行の精度等級は１級から４級であるため、H級、M級及びO級のはかりの製造できる期限及び修理後検定の期限については以下の経過措置がある。

1　平成22年８月31日までは製造（検定）可能（検定合格条件は平成５年11月１日の技術基準を適用）。

2　平成22年９月１日以降の修理検定は可能。

定義　特定計量器検定検査規則の一部を改正する省令（平成12年８

月９日通商産業省令147号）附則

関連用語 非自動はかり（167ｐ）

■液化石油ガスメーター

分類 計量器

解説 法２条４項で規定される特定計量器である。取引や証明における計量に使用されるものとして適正な計量の実施を確保するため、その構造又は器差に係る基準を定める必要があるとされた体積計で、タクシーのオートスタンド等で使用する自動車用液化石油ガス充てん用の計量器である。基準等は以下の通り。

１　口径40mm以下のもの

２　検定の有効期間は４年である。

定義 法２条４項、施行令２条５号イ(4)

関連用語 ガスメーター（31ｐ）、検定有効期間のある特定計量器（65ｐ）

■役務の給付

分類 計量制度

解説 法２条２項に「取引」とは「有償であると無償であるとを問わず、物又は役務の給付」と定義されており、ここで「物の給付」は物の提供（売買等）であり、「役務の給付」は、サービスを提供すること。計量に係る例として、運送物の「重さ（質量）」若しくは「体積（縦・横・長さ）」をはかり、サービス料を算定のために計量する行為をいう。運送の他、物品の保管や物品の委託加工等がこれに該当する。

定義 法２条２項

■SI単位系（国際単位系）

分類 計量単位

解説 基準がないと、もの（量）をはかった結果を具体的に表示することは出来ない。基準があれば、例えば、「指の長さの何倍」等という形で表現することができる。この場合、基準は「指の長さ」である。計量ではこの基準のことを単位と呼ぶ。古来、地域ごとに異なった単位が使われてきた。19世紀になってようやく世界共通の単位系が生まれた。メートル法である。その後基本的な単位を加えて、新たに国際単位系（SI）と名称を変え、現在では全世界で通用する単位系となっている。

SI単位系（International System of Units：国際計量単位系）では、メートル（長さ）、キログラム（質量）、秒（時間）、アンペア（電流）、ケルビン（温度）、モル（物質量）、カンデラ（光度）の７つの基本単位を組み合わせることによって、すべての量の単位を決め、それにより「量」を計るシステムである。

関連用語 基本単位（43ｐ）

■NMIJ

分類 組織名

解説 NMIJは国立研究開発法人産業技術総合研究所計量標準総合センター（National Metrology Institute of Japan）の略称である。NMIJは産業技術総合研究所の一部門だが、国際的には国立計量標準研究所としてわが国を代表している研究所である。計量標準総合センター（NMIJ）は「工学計測標準研究部門：Research Institute for Engineering Measurement」、「物理計測標準研究部門：Research Institute for Physical Measurement」、「物質計測標準研究部門：Research Institute for Material and Chemical Measurement」、「分析計測標準研究部門：Research

Institute for Measurement and Analytical Instrumentation」、「計量標準普及センター：Center for Quality Management of Metrology」、「研究戦略部：Research Planning Department」の６部門から構成されている。

■MRA

分類 国際化対応

解説 MRA（Mutual Recognition Arrangement）はILAC/APLACでの国際相互承認取り決めのことである。この取り決めでは、ILAC/APLACで認定された試験所／校正機関が発行する試験報告書／校正証明書を相互に受け入れることにしている。言い換えれば、国際貿易において、一ヶ所で行われた試験校正結果を全世界に通用させることを目指している。また、このMRAは取り決め書に署名した試験所/校正機関の能力を互いに認め合っていることの証でもある。

なお、ISO9000等の認証分野では、相互承認取り決めのことを、MLA（Multilateral Recognition Arrangement）と呼ぶ。

関連用語 ILAC（４ｐ）、APLAC（８ｐ）

■MAA

分類 国際化対応

解説 MAA（Mutual Acceptance Arrangement）の意味は「相互受け入れ取り決め」だが、計量の場合、OIML MAA（型式評価国際相互受け入れ取り決めの枠組み）を指している。法定計量器の型式承認用に設けられたOIML証明書制度は任意の制度であり、証明書の採用は受け入れ国の裁量であったため、実効が上がらなかったことを受け、信頼性と強制力が高いOIML MAAが設立された。MAAに参加するのは、国の機関であり、計量器の種類ごとに、発行型と利用型に分かれる。発行型参加機関はMAA証明書の発行と受け入れを、利用型参加機関は受け入れのみを行うこととし、この枠組みが計量器の種類ごとに相互信頼宣言書（Declaration of Mutual Confidence;DoMC）として公開される。また、参加資格審査委員会が継続的に参加機関の資格・能力を監視する。参加機関も原則としてMAA証明書を受け入れる義務がある。

■MoU ⇒ 二国間承認（154ｐ）

■MLAP

分類 計量証明

解説 計量法でいう特定計量証明事業者認定制度（Specified Measurement Laboratory Accreditation Program）の頭文字を取った略称。環境汚染分野では、ごく微量（一兆～千兆分の一の濃度）の有害物質、例えばダイオキシンなどを測定するために、高度の測定技術が求められる場合がある。このため、データの信頼性を確保するため、これらを測定する事業者を認定する制度としてMLAPが設けられた。この認定を受けた事業者以外はダイオキシン類の計量証明を行うことはできない。NITE（独立行政法人製品評価技術基盤機構）がMLAP認定機関となっている。

定義 法121条の２

お

■OIML（国際法定計量機関）

分類 組織名

解説 OIML（国際法定計量機関；International Organization of

Legal Metrology）は「国際法定計量機関を設立する条約」に基づいて設立された国際機関である。世界のいずれの国においても、取引、安全、安心、健康などの観点から、計量に関する法的な規制や取り決め（一般に法定計量という）があるが、これらの規則を国際的に整合化し、どこでも同じルールが適用されることを目的として1955年に条約が締結され、2015年現在、120以上の国が加盟している。共通化を図るため、国際勧告（R）というモデル規格を作り、加盟国はできるだけこのモデルを国内規格に反映させることになっている。また国際文書（D）という指針も出している。一方、加盟国同士が相互に計量証明書を受け入れるというOIML証明書制度を創設し、この制度をさらに発展させた、計量器の型式承認についての国際相互受け入れ制度であるMAA（Mutual Acceptance Arrangement：「型式評価国際相互受け入れ取り決めの枠組み」）が動き出している。

■OIML R76

分類 法令・規格・規程名

解説 OIML R76は「非自動はかり」の計量と技術要求事項に係わるOIML国際勧告で、第１部「OIML R76－１」と第２部「OIML R76－２」がある。第１部：OIML R76－１「非自動はかり　計量及び技術要求－試験」は1992年に発行され、2006年に改訂されている。非自動はかりとは、一般の「はかり」のことで、生産プロセスで使用される自動計測機と区別するために使われている用語。はかりは商取引、消費者に重要な計測器であるため、国際的にさまざまな規格・仕様・製造等が存在し、混乱が生じていた。OIML R76は、国際整合性を高めるために、検定等の技術基準を規定したOIML国際勧告であり、わが国でもJIS化されている（対応規格：JIS B7611－２（2015））。第２部：OIML R76－２「非

自動はかり　型式評価報告書」はOIML証明書を英文又は仏文で作成するための勧告である。

定義　JIS B 7611－2（2015）

関連用語　非自動はかり（167 p）

■OIML R79

分類　法令・規格・規程名

解説　OIML R79「包装商品のラベル表記に関する要求事項」は包装商品の内容表示方法についての国際勧告で、2015年に改訂された。包装商品に関するラベルの添付、内容の表示・包装責任の所在・内容量等の表示について規定している。

関連用語　包装商品（186 p）

■OIML R87

分類　法令・規格・規程名

解説　OIML R87「包装商品の内容量」は包装商品の内容量に関する国際勧告だが、消費者保護の観点から、法定計量制度の重要な項目になっている。しかし、古くから各国でそれぞれの制度が存在するため、国際的に整合性のある規則にまとめるのが容易ではなかった。2004年に発行されたR87の主な内容は包装商品についての内容量、表示等についての要求事項と内容量検査のためのサンプリング方法・手順だが、サンプリング方法について異論が生じ、改訂作業が行われた結果、2016年に改訂されている。

関連用語　包装商品（186 p）

■OEM（相手先商標製品）

分類　計量器の製造・修理・販売

解説　OEMとは、(Original Equipment Manufacturer）の略で「相

手先商標による製品の供給者」を指す。

OEMの供給を受けて計量器を製造するためには、次のことが必要となる。

1　製造事業の届出（法40条）

2　型式承認の番号表記にOEM供給元と供給を受け製造する社を併記すること（法76条、84条）

定義　法40条、76条、84条

■大型はかり定期検査に使用する車両等

分類　検定・検査

解説　知事、市町村長、指定定期検査機関若しくは定期検査に代わる計量士の検査を行う際、ひょう量が２ｔを超えた場合等においては、基準分銅に代えて、一定の条件下で校正された車両を使用することが認められている。

車両等を定期検査に使用したい場合にあっては、事前に管轄の知事、特定市長に具体的細則をもって承認を得なければならない。

この主旨は、大型はかりの定期検査では、ひょう量が30ｔ等と多くの基準分銅を現場まで搬送しなければならない点、目量が通常10kg若しくは20kgで車両の燃料消費量が検査時間内で検査箇所の表す量の使用公差の１/３以内であれば検査結果に支障を及ぼさないという観点から認められた方法と考えられている。

ひょう量が２tを超え、20t以下のものは、ひょう量の１/４を超える部分、ひょう量が20tを超えるはかりにあっては、５tを超える部分で車両等を使用できる。

定義　JIS B 7611－２（2015）附属書JB、JC、JD

■奥書証明

分類 検定・検査

解説 申請者の申し出により、申請者があらかじめ様式に記載した一定の事項について行政機関が実施した行政処分の結果を確認の上“記載事実が真正・確実”であるとする証明書のこと。

計量法では、検定、検査に合格した証としては、検定では「検定証印」、定期検査では「定期検査済証印」が付されるため、例外を除き、これ以外に合格を証する証明書類は必要としない（例外として、環境計量器、タクシーメーター装置検査では、検定（査）済証が発行される）。

その一方で、ISO9001マネジメントシステム等においては、計量器等の校正の状況を文書化して管理することが要求されるため、計量法では合格証明書等が発行されない分野においては「奥書証明」が活用されている。

■おもり

分類 計量器

解説 法２条４項で規定される特定計量器であり、取引や証明における計量に使用されるもので適正な計量の実施を確保するため、その構造又は器差に係る基準を定める必要があると定められた質量計。おもりは実量ではなく掛量が表記された定量おもりと定量増おもりがあり、おもり単独で検定を受け、検定証印が付されたものは互換性がある。また、定期検査対象で計量器とあわせて受検をする。

1　定量おもり（棒はかりのおもりとして使用する。○○kg用の表記あり）

2　定量増おもり（皿手動はかり、台手動はかりのおもりとして使用する。掛量、はかりのてこ比の表記あり）

定義 法2条4項、施行令2条2号ハ

■音圧レベル（sound pressure level）

分類 計量単位

解説 音圧の大きさを、基準値との比の常用対数によって表現した量（レベル）である。単位はデシベル（dB）が用いられる。

可聴域にある音は同じ周波数であれば、音圧が大きいほど大きな音として認識される。

また、音圧の単位は圧力を示す単位であるパスカル（Pa）であるが、人間が認識しうる音の大きさの範囲は音圧の実値では広範囲にわたる。そこで、音響工学の分野では人間の聴覚特性に合わせ、音圧の大きさを基準となる値との比の常用対数によって表現される量（レベル）である音圧レベルを用いて表すことが多い。

日常生活で「静かだ」と感じるのは45dB（デシベル）以下で、「うるさい」と感じる電車が通る時のガード下・自動車のクラクションは100dB程度である。

望ましい音のレベルは40～60dBであるといわれている。

定義 法4条、別表2、単位令3条、別表2

■温水メーター

分類 計量器

解説 法2条4項で規定される特定計量器である。取引や証明における計量に使用されるものとして適正計量の実施を確保するため、その構造又は器差に係る基準を定める必要があるとされた体積計のうち、熱供給システム等で給湯管理して温水を供給するために使用されるもので、その対象は次の通り。

1　口径が40mm以下のものをいう

2　検定の有効期間は８年。

3　温泉用メーターは含まれない

定義　法２条４項、施行令２条５号イ(2)、JIS B 8570－２（2013）

■温度計

分類　計量器

解説　法２条４項で規定される特定計量器である。取引や証明における計量に使用されるものとして適正な計量の実施を確保するため、その構造又は器差に係る基準を定める必要があるとされた温度計で、その対象等は次の通り。

○対象となる温度計

1　－30℃～360℃以下のガラス製温度計

転倒式温度計、接点付温度計、最高最低温度計、留点温度計（以上は気象・海象用が主である）、浸線付温度計、保護枠入温度計、隔測温度計及びベックマン温度計は除かれる。

2　ガラス製体温計

3　抵抗体温計

○検定の主体（型式承認の表示が付されたもの）

1　前記１のガラス製温度計のうち最高温度が200℃を超えるものは、産業技術総合研究所又は指定検定機関

2　上記以外のガラス製温度計は都道府県又は指定検定機関

3　抵抗体温計は都道府県又は指定検定機関

○それぞれの検定方法は、以下のJISが引用されている。

1　ガラス製温度計 JIS B 7411－２（2014）

2　ガラス製体温計 JIS T 4206（2014）

3　抵抗体温計 JIS T 1140（2014）

定義　法２条４項、施行令２条３号、JIS B 7411－２（2014）、JIS T 4206（2014）、JIS T 1140（2014）

計量トリビア１　計量単位の混在があわや大事故に！？

世界的には、メートル系単位が主流になっていますが、現在でもアメリカや航空機関係ではヤード・ポンド単位が主流です。そのような状況で単位が混在していることが原因となり、思わぬトラブルを引き起こしたことがありました。

アメリカでは1992年までに国際単位系に移行することが決まっていたのですが、実際は移行がスムーズには進んではおらず、国際単位系を採用していたカナダにおいて、単位併用の混乱から事故が起きてしまいました。

それは、カナダ航空のB767機が1983年７月23日にモントリオールからエドモントンへ向かう機長が燃料の補給を「キログラム」で指示したのを、地上整備員が「ポンド」と勘違いしてコンピューターに入力し、必要量の半分にも満たない燃料の補給を行い、そのまま離陸してしまったのです。

その結果、途中で燃料不足でエンジンストップのアクシデントが起こり、機長の的確な判断と巧みな操縦で間一髪のところでオートレース場に不時着し、最新鋭機の大惨事は避けられたのです。

※「１ポンド」⇒「約0.4536キログラム」

計量トリビア２　無重力で体重測定はどうするの？

国際宇宙ステーション（ISS）に長期滞在する場合、健康管理のため月１回の体重測定が義務付けられているそうです。若田光一さんが無重力の環境の艦内での体重測定をしている写真を公開しました。

国際宇宙ステーション（ISS）では、重力がないため通常の体重計では役に立たないため、縮めたバネで体を押し上げた勢い（加速度）を測定し、体重を割り出すそうです。

計量トリビア3　最新鋭の技術も初歩的な勘違いでフイに…

アメリカ航空宇宙局（NASA）での出来事です。1998年12月12日、ケープカナベラル基地から打ち上げられた火星探査衛星「マーズ・クライミット・オービター」は順調に飛行して、翌年12月1日頃、火星の両極地を通過する、ほぼ円の軌道に乗る予定でした。

ところが、火星の周回軌道に探査衛星を乗せる段になって、火星の裏側を回っている途中に全く通信が不通状態になってしまったのです。それは火星探査衛星が飛行コースを大きく離れ、火星の圏内に突入して破壊されたと推測されています。

その原因は、衛星からの通信データを受信していた技術者は距離を「ヤード・ポンド系」で換算し、その情報を受けたNASA側では、「メートル系」で解釈したところによる初歩的な判断ミスで、飛行コースから逸脱して破壊されてしまったのです。この初歩的ミスで1億6千5百万ドルが一瞬にしてフイになったそうです。

計量トリビア4　ヤード・ポンドが一般的なアメリカでメートルの単位に関心が集まっている！？

それは、2016年にリリースされたスマートフォンアプリ「ポケモンGO」の影響があります。

ゲームの内容は、ポケモンを探して捕まえたり、卵をふ化させるために歩くゲームですが、その中に表示されている距離の単位がすべてメートル表示であるため、メートル表示になじみの薄いアメリカでは、インターネットの単位換算情報に「○○km to miles」等のアクセスが急増しているとのことです。アメリカなどでも、ゲームだけではなくメートル系単位が一般的になることが望ましいです。

か

■外延量（外挿）

分類　計量単位

解説　質量・長さ・体積などの同じ種類で加え合わせることのできる量。

例　1g＋2g＝3g、1m＋3m＝4m、1m×2m×3m＝6㎥

これに対し、密度、濃度、温度は加え合わせることができない量で「内包量」という。

例）水温20℃の水と30℃の水を加え合わせても50℃にはならず、20℃から30℃の間の温度になること。

■外国製造事業者

分類　計量器の製造・修理・販売

解説　外国で日本に輸出される特定計量器の製造の事業を行う者。

取引・証明に使用される特定計量器は、検定を行うために型式承認が必要であるが、外国の事業者も国内の製造事業者と同様に型式承認を受けることができる。

型式承認されたものを製造して日本に輸出する際には、特定計量器の製造技術基準に適合するようにしなければならない。この型式が承認された事業者を「承認外国製造事業者」という。

定義　法89条

関連用語　型式承認（33p）、指定外国製造事業者（92p）

■改善命令

分類　法規制

解説 立入検査で法に抵触するような違反があった場合、勧告や公表の行政措置があるが、それでは改善されないような重大な違反に対する行政措置である。

経済産業大臣は、指定製造事業者が品質管理の方法の基準に適合していないと認めるとき、また、届出製造事業者が検査義務を怠ったと認められるときには、改善命令を出すことができる。

また、経済産業大臣又は都道府県知事は修理を行った者が検査義務を怠っていると認められる際は改善命令を出すことができる。

この改善命令に違反すると、違反した行為者とその法人又は責任者にも罰金刑が科せられる。

定義 法44条、48条、98条

関連用語 違反勧告（13ｐ）

■改造

分類 計量器の製造・修理・販売

解説 既存の計量器に新たに構造を付加し、又はその構造の一部を除去することをいう。

型式承認表示が付されている特定計量器について、同一型式の範囲を超える行為がこれにあたる。

ただし、次の改造は法では修理とみなされる。

1　タクシーメーターの自動車への取り付け

2　皮革面積計に係る拡大指示機構又は送り速さ機構の改造

3　アネロイド型圧力計に係る目盛板、弾性受圧部（拡大機構に連結するために変位端に固定した部分を含む）、流体に直接接触する部分及び温度補整機構以外の部分の改造

上記以外の改造については「製造」と見なされる。

定義 法２条５項、施行規則４条

関連用語 修理（102ｐ）、製造と見なされる改造（114ｐ）

■化学用体積計

分類 計量器

解説 メスシリンダー、フラスコ、ビュレット、ピペット等を指す。これらの化学用体積計は、平成5年改正前の旧計量法においては検定対象計量器として検定を行っていたが、新計量法では、ほとんどの化学用体積計が化学分析等専門的なところで使用されており、その精度等はJISの規定で担保されているため、法の規定からは削除された。

定義 JIS R 3505（1994）

関連用語 衡量法（69ｐ）

■加工品

分類 商品量目

解説 「加工品」については、次の状態にあるものと解釈される。

1　加熱した状態

2　味付けした状態

3　原形を変えた状態。ただし、原形が判断できるもの（例えば、無頭えび）は除く。

4　乾燥した状態。ただし、豆類は除く。

他の法律では、包丁で切っただけで加工品とする考え方もある。

定義 計量法関係法令の解釈運用等について（経済産業省計量行政室）

関連用語 特定商品分類表（146ｐ）

■ガスメーター

分類 計量器

解説 法2条4項で規定される特定計量器である。取引や証明における計量に使用されるものとして適正な計量の実施を確保するため、その構造又は器差に係る基準を定める必要があるとされた体積計で、都市ガスなど燃料用ガスの計量に用いられるもの。

1　対象

口径が250mm以下のもの

水素ガス、窒素ガス用のものは含まれない。また、湿式のものは除かれる。

2　検定の有効期間

・計ることができるガスの総発熱量が90MJ／1㎥未満であって、使用最大流量が16㎥／h以下のもの（前金装置を有するものを除く）は10年

・計ることができるガスの総発熱量が90MJ／1㎥以上であって、使用最大流量が6㎥／h以下のもの（前金装置を有するものを除く）は10年

・上記に掲げる以外のものは7年

定義　法2条4項、施行令2条5号イ(5)、18条、別表3

関連用語　液化石油ガスメーター（16p）、検定有効期間のある特定計量器（65p）

■型式外検定

分類　検定・検査

解説　特定計量器は原則的には型式承認を得ることになっているが、工場等の一貫生産ではなく製造工程が一個ずつ手作りによるもの等については、型式承認がなくても都道府県知事の行う検定を受けることができる。この検定を型式外検定という。

【型式表示のない特定計量器の例】

非自動機械式はかり等、分銅、おもり、ガラス製温度計、量器用尺付タンク、浮ひょう等

定義　施行令別表4（型式の承認に係る表示が付されていないも

の；主体が都道府県知事）

関連用語 型式承認（33 p）、型式外非自動はかり（33 p）

■型式外非自動はかり

分類 計量器

解説 型式承認表示のない非自動はかりで、都道府県知事の行う検定を受けることができる。

型式外非自動はかりには「手動天びん、棒はかり、等比皿手動はかり、皿手動はかり、台手動はかり等」がある。

定義 JIS B 7611－2（2015） 附属書JA.2.2、JA.3.3

関連用語 型式承認（33 p）、非自動はかり（167 p）

■型式承認

分類 検定・検査

解説 特定計量器の基本設計（含む部品等）が、構造･性能について基準（JIS等）に適合していると検査（型式承認試験等）で認めた場合、型式が承認され、型式番号が付与される。これを型式承認という。型式承認番号が付されている特定計量器の検定に際しては、構造の検査を省略することが可能であり（一部の性能及び器差の検査は行う）、合理的な検定を行うための規定。

概要は以下の通り。

1　承認申請は、特定計量器の種類により、産業技術総合研究所又は日本電気計器検定所に提出。

2　承認の有効期間は10年（更新可）。

3　日本では、数カ国と型式承認を、相互に承認する協定（MoU）を結んでいる。

定義 法76条～89条

関連用語 特定計量器（139 p）、検定（63 p）、二国間承認（154 p）

■合併

分類 届出・手続

解説 届出製造・修理・販売事業者、指定製造者、外国指定製造者、指定製造事業者、外国指定製造事業者、承認製造事業者、承認外国製造事業者、計量証明事業者、適正計量管理事業所が合併により当該事業の全部を承継した法人は、その地位を承継する。

定義 法41条、46条２項、51条２項、61条

関連用語 承継（105ｐ）

■家庭用特定計量器

分類 計量器

解説 家庭等で使用される体重計、乳児用体重計（ベビースケール）、調理用はかり（キッチンスケール）である。

1　性能は計量法の検定合格品（商取引等で使用されているもの）よりやや緩い。

2　JIS B 7613の基準を満たしたものに、法で定めた家庭用計量器の表示を見やすい場所に付して販売される。

〈家庭用計量器の表示〉

定義 法53条～55条、施行令14条、施行規則20条～22条

■簡易修理

分類 計量器の製造・修理・販売

解説 特定計量器の構造（性能を含む）に影響を及ぼすが、器差に影響を及ぼさない範囲の修理。簡易修理は、届出製造事業者、届出修理事業者及び適正計量管理事業所の指定を受けた者に限り行

うことができる。

簡易修理を行った後、性能基準に適合し、器差が使用公差内であるかの確認検査が義務付けられている。検査結果が適合であれば、検定証印等を除去しなくてよい。

簡易修理の内容は、施行規則11条に特定計量器別に具体的に記載されている。

定義 法49条１項（ただし書き）、施行規則11条

関連用語 修理（102ｐ）

■環境計量証明事業

分類 計量証明

解説 法では「一般計量証明事業」と「環境計量証明事業」の分野があり、環境証明事業は「濃度、音圧レベル及び振動加速度レベルに係る計量証明事業」の３区分がある。

濃度は、「大気、水又は土壌（水底の堆積物を含む）中の物質の濃度」である。従前、公害の規制対象になっている大気、水質、土壌の汚染状態を表す濃度が主な対象であったが、公害に限定せず、土壌等に含まれる物質の濃度（分析）も証明する。

音圧レベル及び振動加速度レベルは、同様に主に公害の規制対象になっている騒音（音圧レベル）・振動が対象。なお、濃度のうち極微量物質（ダイオキシン類等）の分析計量は「特定計量証明事業」として法で規定されている。

定義 法107～115条

関連用語 計量証明事業（55ｐ）、一般計量証明事業（11ｐ）

■感量

分類 検定・検査

解説 感量とは、「質量計が反応することができる質量の最小の変

化をいう」と規定されている。感量が10mg以上の手動天びん及び等比皿手動はかりは、特定計量器にあたる。なお、非自動はかりについては、“目量”が使われている。

検定、検査においては、「感じ」の検査として、アナログ指示の場合には、「感量」の0.7倍以上の変位が生じなければならないとされている。実際の検査では「目量」の一定倍量（例　1.4倍）を載せて検査を行う方法がとられていることが多い。

定義　施行令２条２号イ(2)

関連用語　目量（196ｐ）

き

■器差

分類　検定・検査

解説　器差は、検定検査規則16条１項において「計量値から真実の値（基準器が表す、又は標準物質に付された物象の状態の量の値をいう。）を減じた値又は、その真実の値に対する割合をいう」とされている。

検定公差は、タクシーメーターを除き器差の絶対値に適用する。タクシーメーターについてはプラス側のみの器差に適用する。

定義　検定検査規則16条１項

関連用語　検定公差（63ｐ）

■器差検定

分類　検定・検査

解説　器差検定の方法は、検定検査規則第19条で「基準器（濃度計等にあっては、標準物質）」を用いることが規定されている。実際の器差検定の方法は、検定検査規則で特定計量器ごとに定める

「器差検定の方法」（現在は、すべて日本工業規格引用）に基づいて、規格に定められた基準器又は標準物質を用いて行う。

したがって、計量法に基づく検定、定期検査における器差検定には、必ず、基準器が用いられなければならない（実用基準分銅は基準器の一つとして位置づけられている）。

定義 検定検査規則19条

関連用語 比較法（166 p）、衡量法（69 p）

■基準液柱型圧力計

分類 計量器

解説 基準液柱型圧力計は、鉛直状のガラス管又はプラスチック管内に水銀若しくはそれ以外の液体を封じて圧力を測定する装置であって、基準器検査に合格した圧力基準器の一つ。

基準液柱型圧力計の基準器公差は、最小の目量が計ることができる最大の圧力（「最大測定圧力」という）の400分の１の値より大きいか又はそれに等しい場合は、最大測定圧力の400分の１の値、目量が最大測定圧力の400分の１の値より小さい場合は、最小の目量。

基準液柱型圧力計の場合には、基準器検査証印を目盛面に付印する。圧力基準器の基準器検査証印の有効期間は、４年。

定義 基準器検査規則４条７号イ

■基準器

分類 計量器

解説 「基準器」とは、検定・定期検査・届出製造事業者の特定計量器の検査等（基準器検査規則２条に定められた検査）に使用される精度の高い計量器で、基準器検査に合格した計量器をいう。

○基準器の種類

長さ、質量、温度、面積、体積、密度、圧力、電気、照度、騒音、振動、濃度、比重（上記に「基準器」を加える。）

○基準器検査の主体

1 （基準器の所在地を管轄する）都道府県

長さ計、質量計、面積計及び体積計基準器（基準器検査規則５条で定めるもの）

2 日本電気計器検定所

電気及び照度基準器

3 産業技術総合研究所

上記１、２以外の基準器

基準器には、基準器検査規則19条で定めるところにより、基準器検査証印を付する。また、基準器検査を申請した者に対し、器差、器差の補正の方法及び有効期間を記載した基準器検査成績書が交付される。基準器検査証印の有効期間は、計量器の種類ごとに基準器検査規則21条で定められている。

基準器検査に合格しなかった計量器に基準器検査証印が付されているときは、その基準器検査証印は除去される。

基準器については、計量法に基づく検定、定期検査等の業務に用いられることを目的として基準器検査制度が定められているため、基準器検査を申請できる者は、基準器検査規則２条で限定されている。

定義 法102条～105条、令25条、基準器検査規則４条

関連用語 基準器検査（38ｐ）

■基準器検査

分類 検定・検査

解説 「基準器検査」とは、検定、定期検査その他計量器の検査に用いられる計量器（基準器）の検査のことをいう。政令で定める

区分に従い、経済産業大臣、都道府県知事又は日本電気計器検定所が行う。

基準器検査を行う計量器の種類及びこれを受けることができる者は、経済産業省令で定められている。基準器検査は、計量法に基づく検定、定期検査等の業務に用いられる目的で行われる検査制度であるため、基準器検査を申請できる者は、基準器検査規則２条で限定されている。

基準器検査の合格条件は、構造及び器差が経済産業省令で定める技術上の基準に適合すること。器差については、JCSS校正証明書が添付されているものは、不確かさが基準器公差の１／３以下で器差が基準器公差内であるなど一定の要件であることが認められれば器差校正をせずに当該証明書により定めることができる。

基準器検査に合格した計量器には以下の基準器検査証印を付す。

・基準器検査証印の有効期間は、計量器の種類ごとに定められている（基準器検査規則21条）。

・器差、器差の補正の方法及び有効期間を記載した基準器検査成績書が交付される。

定義　法102条

関連用語　基準器（37ｐ）

■基準重錘型圧力計

分類　計量器

解説　基準重錘型圧力計は、左右のプランジャの重錘に掛かる圧力をピストンの調整により、特定計量器であるブルドン管式圧力計に付加し、圧力計の誤差を検査する圧力基準器の一つである。

基準重錘型圧力計の器差は、その重錘に表記された圧力の値から、その重錘に働く重力の大きさをピストンの断面積のうち最大のもの（ピストンの形状が球形のものにあっては、平均直径から算出した断面積）で除した値を減じて算出する。

定義 基準器検査規則４条７号ロ

■基準タンク

分類 計量器

解説 基準タンクとは、水道メーターの検定に用いる「液体メーター用基準タンク」と燃料油メーターの検定に用いられる「液体タンク用基準タンク」である。

この基準器検査に用いる基準器は、基準フラスコ又は液体タンク用基準タンクのいずれか及び基準ビュレットである。

基準器検査証印の付印箇所は、次の通り。

・ゲージグラスがある基準タンクについては、全量の表記がある部分に近接した部分

・ゲージグラスがない基準タンクについては、全量の表記がある部分に近接した部分及び体積調整装置の任意の箇所

基準器検査証印の有効期間は、ステンレス製の液体メーター用基準タンクであって、水道メーター、温水メーター又は積算熱量計の検定に用いるものは、８年、それ以外のものは５年である。

定義 基準器検査規則４条５号ニ

■基準適合義務

分類 計量器の製造・修理・販売

解説 承認製造事業者及び承認外国製造事業者は、型式承認を受けた特定計量器を製造するときには、「製造に係る技術上の基準」（「製造技術基準」という）に適合した特定計量器の製造が義務付けられており、これを「基準適合義務」という。

承認輸入事業者は、承認を受けた特定計量器を販売するときには、製造技術基準に適合するものを販売しなければならない。

・輸出のために製造するためにあらかじめ都道府県知事に届け出たとき、試験的に製造したときは例外として認められる。

・検査義務が定められている。検査は事業者が行い、記録の管理が必要である。

・違反時は罰則として50万円以下の罰金が科せられる（95条２項、173条）。

定義　法80条、82条、95条

関連用語　届出製造事業者（149ｐ）

■基準適合証印

分類　計量器の製造・修理・販売

解説　基準適合証印とは、指定製造事業者がその指定を受けた工場又は事業場において型式承認を受けた型式に属する特定計量器を製造したときに表示できる証印のこと。

大臣、都道府県知事及び指定検定機関が検定を行い合格した特定計量器に付印する“検定証印”と同じ効果を持つ。

「検定証印等」とは、法16条に定義されており、検定証印と基準適合証印をあわせたものをいう。

・以下の形状とともに大臣が指定した番号を表示する。

・検定の有効期間がある特定計量器や定期検査・計量証明検査の対象となる特定計量器には、検定証印と同様に検定年月、又は検定有効期間満了（検定期間）の表示がされる。

〈検定証印及び基準適合証印〉

検定証印　基準適合証印

定義　法96条１項、指定製造事業者の指定等に関する省令８条１項

関連用語　検定証印（64ｐ）

■基準はかり

分類 計量器

解説 基準はかりとは、基準手動天びん、基準台手動はかり及び基準直示天びんを総称した名称である。これらの基準はかりの検査主体は、次に掲げるもの以外は、産業技術総合研究所が行う。

都道府県知事が行う基準はかりの検査対象は、基準手動天びん、基準直示天びんは、ひょう量が２トン以下、目量又は感量が１/4,000以上のものであって、主に基準分銅、分銅の検定の校正に用いられるものである。

基準台手動はかりは、ひょう量が５トン以下で、目量又は感量がひょう量の１/20,000以上のものである。防爆性が求められる使用環境である燃料油メーターの検定、検査に用いられている。

基準はかりの基準器検査には、その性能に応じて一級基準分銅、二級基準分銅及び三級基準分銅が用いられる。また、平成５年の法改正以降は、実用基準分銅の校正には、基準はかりの使用が義務付けられておらず、基準分銅と質量比較器（コンパレータ）によることとされているため、電気式はかりが多く使用されている。

校正には、基準分銅が用いられる。基準器検査証印の有効期間は、３年である。

定義 基準器検査規則４条２号イ

■基準分銅

分類 計量器

解説 基準分銅は、特定計量器の検定、検査に用いる基準となる計量器である。基準器検査規則では、４条で特級基準分銅、一級基準分銅、二級基準分銅及び三級基準分銅が定められている。

各々、特級、一級等である旨の等級の表記が必要であり、

Ｆ１、Ｆ２、Ｍ１、Ｍ２のように標識で示されている。特級基準分銅と線状分銅等では例外的に収納箱への表記、形状による識別が行われている。

基準分銅の基準器検査は、構造要件（材質、密度、表面荒さ調整孔等）と基準器公差が定められている。計量法では、不確かさは示されていない。

定義　基準器検査規則４条２号ロ

関連用語　基準器検査（38ｐ）

基本単位

分類　計量単位

解説　1795年、フランスにおいてメートルを基本単位の一つとし、十進法を用いた国際的な単位系が度量衡（計量）単位系として制定された。質量の単位（キログラム）は、１ｍの定義が確定した後、10cm四方の蒸留水が最も重くなる４℃のときの重さと定義されたが、再現することが困難なため、それを基に１キログラム原器が作成され、質量の基準として定義された。メートル法は、一つの量に対して数ある大きさの単位が存在する状況から、一つの量に対して一つの単位に一本化する、ということを目的として選ばれ、その現代型である国際単位系（SI）では基本単位として、長さにメートル、質量にキログラム、時間に秒、熱力学温度にケルビン、物理量にモル、光度にカンデラ、電流にアンペアを採用、この７つの基本単位を組み合わせて体積（立方メートル）、速さ（メートル毎秒）、密度（キログラム毎立方メートル）等の他の単位が定義されている。

なお、「キログラムの定義」については、キログラム原器によるものから「原子の数」によるものとする動きが進んでいる。2018年に再定義される見込み。

関連用語 SI単位系（17 p）

■業者封印

分類 検定・検査

解説 タクシーメーターには、車体にメーター本体を固定するところに検定証印を付印し、器差調整に係る部分のギヤーボックス・パルス発信器・パルス調整器等には装置検査証印で封印しなければならない。また、パルス発信器・パルス変換器、パルス調整器等とメーター本体（頭部）とを接続しているコネクタの接合部には、業者封印を付することになっている。これは、業者封印を付す部分が簡易修理の対象となるものであることから、届出製造事業者、届出修理事業者以外のものが簡易修理を行えないように届出記号を付した封印をする目的による。

定義 法49条１項、施行規則11条１項１号、JIS D 5609（2014）

関連用語 タクシーメーター（127 p）

■業務規程

分類 届出・手続

解説 指定定期検査機関、指定検定機関、指定計量証明検査機関、特定計量証明認定機関が業務規程に定めるべき事項は、その業務を行う時間及び休日に関する事項、その業務を行う特定計量器の種類、その業務を行う場所に関する事項等、検査機関の指定等に関する省令にそれぞれ規定されている。

指定定期検査機関は、検査を行おうとする場所を管轄する都道府県知事や特定市町村の長に業務規程を提出し、認可を受けなければならない。また、指定計量証明検査機関は都道府県知事に、指定検定機関、特定計量証明認定機関は経済産業大臣に提出し、認可を受けなければならない。

なお、認可された業務規程を変更する場合も同様である。

定義 検査機関の指定等に関する省令3条

■許容誤差

分類 商品量目

解説 特定商品の内容量（量目）について、許容される誤差は量目公差である（不足側のみ）。この量目公差適用範囲以外のものや、特定商品以外の商品については、正確計量の努力義務が適用される。

なお、特定計量器に許容される誤差（器差）は、検定時は検定公差、使用中検査では使用公差が規定されている。

定義 特定商品の販売に関する政令3条、別表1、2

関連用語 量目公差（207ｐ）

け

■ｋマーク

分類 国際化対応

解説 2007年9月に始まった、韓国における包装商品の量目制度で、計量管理システムがあり適合性確認機関による管理下で"ｋマーク"の貼付を認める制度である。

韓国では、（韓国）計量法第3章に「実量表示商品の適合性自己宣言」として、第29条に「適合性自己宣言マーク」が定められている。

適合性自己宣言をしたディーラーは、政府（産業資源部布告）が定めた条件下で、実量表示商品の容器又は包装上に、基準への準拠マーク（「適合性自己宣言マーク」という）を貼付することができると規定されている。これを"ｋマーク"という。

欧州では、欧州指令による“eマーク制度”、中国では、“cマーク制度”が導入されている。

ＯＩＭＬでは、1987年ＯＩＭＬ R87（包装商品の正味内容量）の附属書として「IQマーク制度」の導入が検討されてきたが、現段階では導入までには至っていない。

定義 韓国計量法第３章第29条

関連用語 ＩＱマーク（３ｐ）、ｅマーク（９ｐ）、cマーク（81ｐ）

■ゲージ圧力

分類 計量器

解説 圧力において、「ゲージ圧力」と「絶対圧力」の違いは、基点を大気圧力とするか、真空圧力にするかである。

1　絶対真空圧力を０MPaとした計量値は、「絶対圧力」という。

2　大気圧力を０MPaとした計量値は、大気圧力より大きいとき「ゲージ圧力」という。また、大気圧力より低いときは「真空圧力」という。

計量法で規定するアネロイド型圧力計は、計ることができる圧力が絶対圧力で0.1～200.2MPaの範囲内のもので最小の目量が（最大圧力－最小圧力）／150又はそれよりも小さくないもの。

絶対圧力は範囲を示すことであって、実際の目盛には、ゲージ圧力（大気圧力を０としたもの）を用いることができる。

定義 法２条４項、施行令２条８号イ

関連用語 アネロイド型圧力計（６ｐ）

■計測値の丸め方

分類 計量制度

解説 計測の結果である“計測値”の取扱いは、検定検査規則でも、燃料油メーター、液化石油ガスメーターの器差検定の方法で衡量

法により体積を求める場合や密度計、比重計等の検定において、小数点以下第４位（四捨五入により）まで求め、算出することが定められている。

一般的には、計量値、計測値には、常にその有効桁数、有効数字等に意味がある。したがって、計量器、計測器に表示された数値をただちに利用することが適切とはいえない場合がある。このため、計測結果の利用を統一的に利用できるようにするため、"計測値の丸め方"がJISで規定され、広く学術、工業、研究で使用するようにしたもの。

国際的には、ISO 80000－１附属書B（規定）が示されており、これを国内規格のJIS Z 8000－１で同等（IDT）として規定しているが、その詳細は、JIS Z 8401にある。

丸めは、常に１回だけが原則である。JIS Z 8401における規則A、規則Bと"丸めの幅"に注意が必要である。

定義　JIS Z 8401（1999）

■軽微な修理

分類　計量器の製造・修理・販売

解説　特定計量器の構造（性能を含む。）に影響を及ぼさない程度の修理で、誰でも行うことができる簡単な修理である。

・修理事業の届出は不要。

・通常、修理を行った場合は検定証印等を除去しなければならないが、これは除去しなくてもよい修理とされている。

・施行規則10条に特定計量器別に具体的に記載されている。

（例）水道蛇口のパッキンの取替、電池・ヒューズ・電源コードの取替

定義　法46条１項、施行規則10条

関連用語　修理（102ｐ）、製造と見なされる改造（114ｐ）

■計量

分類　計量制度

解説　公に知られている量、例えば長さ、質量、時間等をそれぞれの単位（メートル、キログラム、秒等）で計り、表すことである。類似の用語として、計測、測定があるが、それらの使いわけはあまりはっきりしていない。強いていえば、計測は測ること全体を、測定はその行為を、計量は単位付きの計測を意味していると考えてよい。量（物象の状態の量）については、その大部分が法で定義されている（法定計量）。英語のmeasurement及びmetrologyも定義が曖昧で、厳密に対応する訳語はないといってよい。

定義　法２条１項

■計量管理

分類　適正計量管理

解説　計量管理とは、「計量器の整備、計量器の正確の保持、計量方法の改善その他適正な計量の実施を確保するために必要な措置を講ずること」と定義されている（法109条）。

適正計量管理事業所は、事業所の規模、使用している特定計量器の種類、使用頻度等がそれぞれ違っているため、事業所ごとに同じような計量管理の方法は無理がある。

各事業所では、自主的に最善と思われる計量管理を構築することで適正な計量が確保されると考えられる。

定義　法109条

関連用語　適正計量管理事業所（135ｐ）

■計量管理規程

分類　適正計量管理

解説　適正計量管理事業所として指定された事業所は「計量管理の方法に関する事項」を作成しなければならない。この作成した規程が計量管理規程であり、適正計量管理事業所として遵守する義務がある。

規定すべき計量管理の方法に関する事項は施行規則73条により次の５項目とされる。

1　計量管理を実施する組織
2　使用する特定計量器の検査の実施方法及び時期
3　使用する特定計量器の検査のための設備の保管及び整備の方法
4　計量の方法及び量目検査の実施の方法及び時期
5　その他計量管理を実施するために必要な事項

なお、指定された適正計量管理事業所は、略称、適管（てきかん）と称されている。

定義　法127条２項５号、施行規則73条

関連用語　適正計量管理事業所（135ｐ）

■計量管理者

分類　計量証明

解説　特定計量証明事業の登録をする要件として、経済産業大臣が指定した特定計量証明認定機関による認定を受けなければならない。この認定基準では「特定計量証明事業を適正に行うに必要な管理組織を有するものであること」とされ、この管理組織に「法109条２号に規定する当該事業に係る計量管理を行う者」が任命されていなければならない、と規定されている。この任命された計量管理を行う者が計量管理者である。

定義 特定計量証明事業者の認定基準等に係る運用について（平成14年３月29日経済産業省知的基盤課）

関連用語 特定計量証明事業（143ｐ）

■計量器

分類 計量器

解説 法２条４項で「計量器とは、計量するための器具、機械又は装置をいう」と定義され、その中でも取引や証明における計量に使用される蓋然性が高いもの、又は主として一般消費者の生活の用に供される計量器（例えば体温計、血圧計など）について、法の目的の「適正な計量に実施を確保する」ために、法令に基づいてその構造（性能及び材料の性質を含む）又は器差に係る基準を定める必要があるとされ「特定計量器」として施行令２条で定義されている。

定義 法２条４項、施行令２条

関連用語 特定計量器（139ｐ）

■計量器等の使用制限

分類 法規制

解説 計量法では適正な計量の実施を確保するため、取引又は証明において計量を行う者に対して、法定計量単位による計量に使用及び使用するために所持してはならないものについて、計量器としての使用等を禁止している。

例として、取引・証明に用いる特定計量器で検定証印がないもの、及び有効期限等が経過しているもの等がある。使用の制限の例として、他には以下のものがある。

○計量器ではないもの（取引・証明への使用禁止）

棒、新聞紙、計量することができる器具・機械装置（バケ

ツ、注射器、ペットボトル）

○特定計量器でない計量器（使用可）

乳脂計、目盛付タンク、化学用体積計

○精度が十分確保されている計量器（使用可）

時計、長さ計（巻尺・直尺）、照射線量計

定義 法16条

■計量器の校正

分類 計量器の校正

解説 計量器の校正とは、その計量器の状態を診断することである。具体的には、表示値の精度、ばらつき、動作の信頼性等を確認することである。校正によって得られた結果は、人の健康診断と同じように、校正時点での状態を示しており、したがって時間が経過すれば同じ校正結果が得られるとは限らない。校正方法は、上位の計量器と比較することであり、一般の事業者であればJCSS登録事業者に、JCSS登録事業者であれば国の機関（産業技術総合研究所等）若しくは同等の機関（JQA、JEMIC、CERI等）に校正を依頼することになる。

計量器がブロックゲージや標準物質等の場合には、記載値と校正値の差及び不確かさ等が、天びん、電気計器等の場合は表示値と校正値の差及び不確かさ等が校正証明書に記載される。

■計量記念日

分類 計量制度

解説 昭和27年以来実施されてきた計量法が改正され、計量の諸分野において国際的な水準を目指した新計量法が平成５年に施行されるに際し、その施行日となる11月１日が新たに「計量記念日」と定められ、平成６年から実施されている。

計量制度の確立は、わが国経済の発展、文化向上の基礎であり、計量単位の普及や適正な計量の実施の確保及び行政面での計量法の適切な施行とともに社会全体の計量意識の向上が強く求められている。平成13年度から国をあげて計量思想の普及を図るため、計量記念日組織委員会及び事業実行委員会が設けられ、計量記念日を中心に全国各地でさまざまなイベントが開催されている。

定義 計量法の施行期日を定める政令（平成４年政令356号）

関連用語 計量強調月間（53ｐ）

■計量教習

分類 計量教習

解説 計量教習とは、国、地方自治体で計量を業務とする職員及び計量士になろうとする人々に、計量に必要な技術及び実務を教える講習である。種類として、一般計量教習、一般特別教習、環境計量特別教習（濃度関係、騒音・振動関係）、短期計量教習、特定教習等がある。一般計量教習を受けるためには試験に合格する必要があり、計量士になるためには、一般計量教習受講の後、それぞれの特別教習を受講しなければならない。短期計量教習は地方自治体の計量事務担当職員を対象とし、特定教習は職種別の講習である。教習は主として、国立研究開発法人産業技術総合研究所計量研修センターで行われる。

定義 法166条１項、施行規則119条

関連用語 計量研修センター（54ｐ）、受講資格（計量教習）（103ｐ）

■計量行政審議会

分類 計量制度

解説 経済産業省に設置され、「計量に関する重要な事項について、経済産業大臣の諮問に応じて答申し又は経済産業大臣に建議する」ことを所管事務としている。

会長及び委員の任期は２年であり、経済産業大臣の審議会への諮問事項は法157条において以下の通り規定されている。

1　次の事項等に係る政令の制定又は改廃を立案しようとするとき。

①繊度、比重その他の物象の量、②特定計量器、③国際単位系に係る計量単位、④無効電力等の計量単位、⑤回転速度等の計量単位、⑥海面における長さの計量その他政令で定める特殊の計量に用いる長さ、質量、角度、面積、体積、速さ、加速度、圧力、又は熱量、⑦特定商品の計量、⑧密封をした特定商品に係る特定物象量の表記、⑨使用の制限、⑩販売事業の届出に係る特定計量器、⑪一般消費者の生活の用に供される特定計量器、⑫譲渡の制限に係わる特定計量器、⑬有効期間付特定計量器、⑭特定商品の量目公差、⑮定期検査対象計量器

2　特定標準器等の指定に係わる事項等の指定若しくは指定を取り消そうとするとき。

3　特定標準器による校正等を行おうとするとき若しくは取り止めるようとするとき。

＊「諮問」：有識者又は一定機関に、意見を求めること。

＊「建議」：意見・考えを申し立てること。

定義 法156条、157条、施行規則105条～113条（111条　削除）

■計量強調月間

分類 計量制度

解説 計量記念日組織委員会（平成13年度設立）により、国として

広く計量思想の普及啓発事業を行うことができるよう、その期間及び名称について各地域の実態を調査の上、関係機関と調整し、11月の１ヵ月間を「計量強調月間」とすることを平成13年に定めた。

（一社）日本計量振興協会が作成する普及啓発全国統一ポスターや計量普及広報誌「計量のひろば」に掲載し、ＰＲに努めている。

関連用語 計量記念日（51ｐ）

■計量研修センター

分類 計量教習

解説 計量に関する事務に従事する、経済産業省、地方計量行政機関、指定検定機関等の職員、及び計量士になろうとする者に対し、計量に関する教習を行い、必要な技術及び実務を教授することを目的として法で定められた機関。同センターは国立研究開発法人産業技術総合研究所計量標準総合センターに属している。

計量士になるためには、国家試験に合格する方法と計量研修センターで行っている計量教習等を受講する二通りの方法がある。

定義 法166条、施行規則119条～134条

関連用語 計量教習（52ｐ）、計量士（54ｐ）

■計量士

分類 計量制度

解説 経済産業大臣が、計量器の検査及び計量管理を適確に行うために必要な知識経験を有する者として登録した者（国家資格者）。

計量士の登録区分は、①「環境計量士」（濃度関係）、②「環境計量士」（騒音・振動関係）、③「一般計量士」（その他の物象の状態の量に係る計量で、質量計及び皮革面積計の定期検査及び計

量証明検査に代わる検査を行うことができる）の３区分がある。

計量士資格を取得するには、計量士国家試験（毎年実施）に合格するか、又は国立研究開発法人産業技術総合研究所の計量教習の課程を修了し、計量行政審議会の認定によるものの２つの方法があり、資格取得後（実務経験を経て）登録手続を行う。

定義 法122条、施行規則50条～70条、計量法施行規則第51条第４項及び第54条第３項の規定に基づき経済産業大臣が別に定める基準等について（平成27年経済産業省告示第63号）

■計量証明

分類 計量証明

解説 「証明」とは、「公に又は業務上他人に一定の事実が真実である旨を表明すること」とされている（法２条２項）。ここで「公に」とは、公的機関が又は公的機関に対してということ、「業務上」とは、継続的、反復的に行われることである。「一定の事実」とは一定のものが一定の物象の状態の量を有するという事実で、「真実である旨を表明する」とは、真実であることについて一定の法的責任等を伴って表明することで、これは「適正に計量した結果がこのような値でしたと表明すること」である。「計量上の証明」といった場合、これを「計量証明」という（法19条１項１号）。この行為は数値を表明することを伴うものである。

定義 法２条２項、19条１項１号

■計量証明事業

分類 計量証明

解説 計量証明とは、長さ、質量等を法で定めた計量単位（メートル、グラム等）により計り、その結果を公に（「公的機関」が又は「公的機関に対して」、「公的機関が公表」又は「公的機関等へ

報告等」を行うこと）又は業務上他人に一定の事実が真実である旨（「計量結果について間違いない（正しい値である）」こと）を表明する（文書又は口頭で伝える）こと。

これを、事業として行う（反復、継続を意味するもの）のが計量証明事業である。なお計量証明は「計量証明書」（文書）により行う。

・計量証明事業は、知事への登録が必要（１回限りの場合は登録の必要はない）。

・計量証明事業には、「一般計量証明事業」と「環境計量証明事業」がある。

定義　法107～115条

関連用語　一般計量証明事業（11ｐ）、環境計量証明事業（35ｐ）

■計量証明事業規程

分類　計量証明

解説　計量証明事業を適正に実施するための規程である。事業者は、登録後に事業を開始する前に、次の事項を記載した事業規程を作成し、都道府県知事に届け出なければならない。

規程の内容は、①計量証明の対象分野、②実施する組織、③基準となる計量の方法、④使用する特定計量器その他の器具、機械又は装置の保管、検査及び整備方法、⑤計量証明書の発行に関する事項、⑥計量証明の実施記録及び計量証明書の保存方法等。

登録後遅滞なく届出等を行わなかった場合には以下の罰則が適用されるので注意が必要である。

・法170条２号　事業規程を実施していないとき、事業規程の変更命令に従わなかったとき（法113条違反）

・法175条１号　事業規程未届け・虚偽の届出（法110条１項違反）

定義　法110条、施行規則43条

■計量証明書

分類　計量証明

解説　計量証明事業者が物象の状態の量（長さ、質量等）等を証明するには、書面によることとされ、法に基づき書面を交付する際には「計量証明書」と明確に記載されていなければならない。また、「計量証明書」でなければ、計量証明を行ったことにはならない。

定義　法110条の2、施行規則44条の2

■計量単位

分類　計量単位

解説　計量単位とは、計量の基準となるものをいう。例えば、量が長さの場合の計量単位はメートル、質量の場合はキログラム、時間の場合は秒、電気の場合はアンペアなどである。はかる対象によってさまざまな計量単位を決めることが可能で、古くは長さの単位は尺、質量の単位は貫が使われていた。近代になってはかる量の種類が増え、さらに多種多様な単位が用いられるようになると、なかなか統一が取れず、混乱するようになった。このため万国共通の単位を決めようと、メートルとキログラムを単位とするメートル法が各国で採用されるようになり、さらにそれを発展させたSI計量単位が現在世界で用いられている。SI単位の場合、7つの基本単位を組み合わせ、すべての量の単位を決めることができる。

定義　法2条1項

関連用語　SI単位系（17p）、法定計量単位（186p）、非法定計量単位（169p）

か行

■計量標準

分類　計量器の校正

解説　もの（量）をはかるとき、何らかの基準がなければ、比較も出来ず、大きさを他に伝えることも出来ない。その基準となるのが計量標準で、量の単位を具体的に示す物又は発生装置等である。例えば100mmブロックゲージ、1kg標準分銅、標準白金抵抗温度計、10Ω標準抵抗、標準電圧発生器等がある。計量標準の条件としては、いずれも上位計量標準で校正されていて、不確かさが表示されていること、さらには、SI単位で表され、必要な精度があり、安定で変化せず、再現性があることが必要である。

関連用語　参照標準とワーキングスタンダード（80p）

■計量標準供給制度

分類　計量器の校正

解説　1　制度の概要

「計量器の校正等」では計量器の校正に用いる標準器又は標準物質の値がどの程度の精度（不確かさ）で、国内における最上位の国家計量標準と繋がりを持っているかを、体系的に証明する制度として計量標準制度（計量トレーサビリティ制度）が定められている。その内容は次の通り。

(1)　特定標準器による校正等をされた計量器若しくは標準物質又はこれらの計量器若しくは標準物質に連鎖して段階的に計量器の校正等をされた計量器若しくは標準物質を用い計量器の校正等を行うものであること

(2)　国際標準化機構及び国際電気標準会議が定めた校正を行う機関に関する基準に適合するものであること

登録に係る区分は24区分が規定されている。

2　JCSS校正事業者（登録事業者）になるには

計量標準供給制度は、経済産業大臣から計量法による権限を機構が処理する事務として、独立行政法人製品評価技術基盤機構認定センターが“計量法第143条１項の規定に基づき、計量器の校正又は標準物質の値付けの事業を行うものの特定分野における能力を審査して登録する制度”である。登録された事業者は、“登録事業者”という。

登録事業者が、登録の事業範囲で計量器等の校正を行ったときは、定められた標章を付した校正証明書を発行することができる。

この制度は、計量法に規定されている他の制度と異なり、強制ではなく任意の制度である。当該事業は、登録を受けたい者からの申請によるが、本制度では、ISO/IEC17025の審査があり、システム管理と技術能力等の要求事項に適合した能力が認められなければならない。

定義　計量法143条１項、施行規則90条

関連用語　JCSS（82ｐ）

■計量法

分類　法令・規格・規程名

解説　計量に関する制度は、経済、産業、文化、消費生活及び教育、社会における基本的な制度の一つである。適正かつ合理的な制度を確立し、国民生活の利便と安全の確保を通じ、経済の発展及び文化の向上に資するものである。

この制度は、明治８年の度量衡法、昭和27年の計量法から平成５年に施行された現行の計量法に改正されるまで数々の改正を経て来た制度である。

その目的は、第１条に次の通り規定されている。

「この法律は、計量の基準を定め、適正な計量の実施を確保

し、もって経済の発展及び文化の向上に寄与することを目的とする。」

法律の全条文は、180条で構成されている。

章立ての内容は、第１章　総則、第２章　計量単位、第３章　適正な計量の実施、第４章　正確な特定計量器の供給、第５章　検定等、第６章　計量証明の事業、第７章　適正な計量管理、第８章　計量器の校正等、第９章　雑則及び第10章　罰則である。

また、計量法の施行には、計量法施行令、同施行規則、計量単位令、同単位規則、特定商品の販売に係る計量に関する政令、同省令、特定計量器検定検査規則及び基準器検査規則が定められている。この他にも多くの政省令、告示、ガイドライン等がある。

計量法のみを単独で見て関係課題を判断することは困難であり、これら計量関係法令全般の理解が不可欠である。

■計量法違反事件

分類　法規制

解説　法２条には「取引」は「物又は役務の給付」、「証明」は「一定の事実が真実である旨の表明」と定義されている。これは適正に特定計量器を使用して計量を行い、業務としてその結果を正確に用いることである。この法制度に違反した事件の一例として、特定計量器を改造し、計量値を改ざんするなどの詐欺行為を行った以下の事例がある。

１　不正の内容

ガソリンスタンドの給油メーターの内部部品を改造し、給油量を表示量より少なく出るようにしてガソリンを販売。消費者へ不利益を被らせた。

２　処分の内容

ガソリンスタンドを経営する会社に対し、法49条違反として

(「検定証印除去」：給油量調整部は検定証印等で封印（固定）されているため給油量を調整するには、検定証印等を除去しなければならないが、除去できるのは行政機関、製造・修理事業者であるため)、罰則として法172条１号（罰金50万円）が科せられた。

定義 法170条～180条

■消印

分類 検定・検査

解説 検定、装置検査又は基準器検査に合格しなかった計量器に“証印”が付されている時は、これを消去しなければならない。

これらの検定証印等（検定証印と基準適合証印)、合番号又は装置検査証印若しくは基準器検査証印を除去するときに用いる以下の形状のものを“消印：けしいん”という。

立入検査においても使用される。

“消印”には、打ち込み印とすり付け印がある。

消印を使用しない方法で、「検定証印等、合番号又は装置検査証印の全体にわたり、明りょうに、かつ、容易に消滅しない方法で、相互に平行又は交差する２本以上の線」をもって、検定証印等を消す方法もある。

計量行政機関において必要とするときは、法167条により、検定用具等の貸付制度があり、検定検査規則74条、基準器検査規則28条に定められている。

定義 法72条、74条、104条、151条～154条、特定計量器検定検査規則29条５号、基準器検査規則22条

■血圧計

分類 計量器

解説 血圧計は法２条４項で規定される特定計量器である。適正な計量の実施を確保するため、その構造又は器差に係る基準を定める必要があるとされた圧力計の一つで、特に特定計量器の中でも血圧計と体温計は健康や人命に深い関わりがあるため、市場へ供給される前に検定証印又は基準適合証印が付されていなければ譲渡できないものとして、適正な実施の確保が図られている。その対象計量器は次の通り。

１　ガラス製体温計

２　抵抗体温計

３　アネロイド型血圧計

定義 法２条４項、57条、施行令２条８号ロ、15条

関連用語 アネロイド型血圧計（７ｐ）

■欠格条項

分類 法規制

解説 指定定期検査機関、指定計量証明検査機関、指定検定機関、特定計量証明認定機関については、法に規定されている欠格条項がある場合は指定を受けることができない。

定義 法27条ほか（準用)、検査機関の指定等に関する省令

■検査

分類 検定・検査

解説 計量法では、単に“検査”を用語として定義していない。必ず、“その性能及び器差に係る検査”のように「検査」の前段に業務の内容が記述されて検査の持つ意味を明確にしている（例：定期検査、装置検査、立入検査等)。

「検査」は、「製品、プロセス、又はサービスが規定された要求を満たすことを、適切な測定・試験（gauging）を伴った観察と判定から評価する系統的な実験（examination）」と説明がされている例もある（今井秀孝氏：㈱朝日新聞出版「知恵蔵」より引用）。

関連用語 定期検査（133ｐ）、装置検査（122ｐ）、立入検査（128ｐ）

■検定

分類 検定・検査

解説 取引又は証明における計量に使用され、適正な計量の実施を確保するため、その構造又は器差に係る基準を定める必要があるものとして政令で定めた特定計量器について、その制度を公的に担保するため、一定の基準に従って検査し、それが基準に合格しているかどうかを確認する行為である。

検定の実施主体は、特定計量器の種類、性能（精度）等により、産業技術総合研究所、日本電気計器検定所、都道府県知事又は指定検定機関に区分されている。

検定に合格した計量器には、検定証印が付される。

定義 法16条１項２号イ、70条

関連用語 特定計量器（139ｐ）

■検定検査規則 ⇒ 特定計量器検定検査規則（140ｐ）

■検定公差

分類 検定・検査

解説 特定計量器の検定における器差の許容値。検定検査規則で特定計量器ごとに器差の許容範囲がそれぞれ日本工業規格（JIS）

を引用して定められている。

器差とは、検定検査規則16条において「計量値から真実の値(基準器が表す、又は標準物質に付された物象の状態の量の値をいう) を減じた値又は、その真実の値に対する割合をいう」とされている。

検定公差は、タクシーメーターを除き器差の絶対値に適用する。タクシーメーターについては、プラス側のみの器差に適用する。

定義 検定検査規則16条

関連用語 器差 (36 p)

■検定証印

分類 検定・検査

検定に合格した証として特定計量器に付される右のマーク。

検定証印を付する場所は、「特定計量器の本体の通常の使用状態において見やすく消滅しにくい部分又は本体に取り付けた通常の使用状態において見やすく消滅しにくい金属片その他の物体」と規定されている (検定検査規則24条)。

取引証明に使用する特定計量器は、検定証印が付されているものでなければならない。

定義 法16条１項２号イ、72条、検定検査規則23条～26条

関連用語 取引 (150 p)、証明 (108 p)

■検定証印等を除去する場合に特に配慮する事項

分類 検定・検査

解説 適正な計量の実施を確保する上で必要な限度において、一般家庭等で使用されている特定計量器を検査する場合にあって、計量法では、“立入検査によらない検定証印等の除去”として特に配

慮すべき事項が定められている。

計量法において一般家庭に対しては、法148条の立入検査はできないため、一般家庭に設置された特定計量器の検査を実施するには、その設置者、使用者等の了解の上で行わなければならない。

この方法で検査を実施した際、計量器が不合格のため検定証印等又は合番号を除去する必要があるときに、行政庁は、除去処分する時期、理由を所有者（水道事業者、ガス会社等）又は占有者（一般家庭等）に告知しなければならない。

定義　法148条、151条（準用）、154条

■検定済証

分類　検定・検査

解説　検定に合格した特定計量器には、"検定証印"が付され、それが合格した証として取引、証明に使用することができるが、例外的に、環境用計量器（一部除く）及びタクシーメーター装置検査について、定められた様式に従い「検定済証」が交付される。

指定検定機関である日本品質保証機構（JQA）が検定を行う環境用計量器では、騒音計、振動レベル計及びジルコニア式濃度計等及びガラス製水素イオン濃度計について交付される。

定義　検定検査規則26条、72条

関連用語　指定検定機関（94ｐ）

■検定有効期間のある特定計量器

分類　検定・検査

解説　構造、使用条件、使用状況等からみて、一定期間を経過すると、構造、器差が変化して検定の合格条件を満たさなくなるおそれがあるものがある。このため、検定について有効期間を定める

ことが適当であると認められるものとして政令で定める特定計量器のこと。これらの計量器は、以下の通り。有効期間満了の年月が付される。

・水道メーター、温水メーター、燃料油メーター、液化石油ガスメーター、ガスメーター、積算熱量計、最大需要電力計、電力量計、無効電力量計、照度計、騒音計、振動レベル計、濃度計（一部例外有り）。

定義 法72条２項、施行令18条、別表３

■検則 ⇒ 特定計量器検定検査規則（140ｐ）

こ

■工業量

分類 計量単位

解説 量には、物理量、工業量及び感覚量がある。大まかには、物理量は物理学によって表せる量、工業量は工業分野で使われる量で、多くは日本工業規格（JIS）で定義されている。広義には物理量も工業量に含まれる。感覚量は心理的な量で、視覚、聴覚、味覚、臭覚による量である。工業量の例としては、硬さ、衝撃、力等があり、感覚量の例としては、測光量、音圧レベル、（放射線）線量当量等がある。

■公差

分類 検定・検査

解説 「公差」という語には特定計量器について「検定公差」と「使用公差」があり、また、商品量目については「量目公差」がある。ここでは「検定公差」と「使用公差」について述べる。

「検定公差」とは、検定を行う特定計量器において検定検査規則に定められた「器差」の許容値をいう。ここで「器差」は計量値から真実の値（基準器等が表す値）を減じた値又はその真実の値に対する割合をいう。

＊例　（器差：E）＝（計量値（計量器の示す値：Ｉ））－（真実の値（基準器等が表す値：Q））

「使用公差」とは、使用中の検査（行政の立入検査、定期検査・計量士による定期検査に代わる検査）時に使用される器差の許容値をいう。

これらの特定計量器の器差が「検定・使用」公差を超えないことが、「検定」・「使用中の検査」の合格条件の１つである。

はかりの公差は、絶対値（±）であるが、タクシーメーターは乗車すると料金が表示されるので絶対値（±）ではなく片公差で、早くメーターが上がると不合格。また、水道メーター・燃料油（ガソリン等）メーター・ガスメータ等は割合（％）で表される。

定義　検定検査規則16条、45条

■公示

分類　法規制

解説　一定の事柄を周知させるため、公衆が知ることのできる状態に置くこと。法令等が一定の事項を示すべき旨を定めているのは、その事項が一般市民の利害に関係するため広くこれを一般に周知させることにより、公正な行政を担保しようとするものである。

計量法では公示を行う者とその事項を法159条に定め、周知方法は官報等への掲載をもって行う。

○１項　経済産業大臣

指定検定機関・指定製造事業者・特殊容器製造事業者の指定（指定の失効）等をしたとき

○２項　都道府県知事

指定定期検査機関・指定計量証明機関の指定（指定の取消）等をしたとき

○３項　特定市町村長

指定定期検査機関の指定（指定の取消）等をしたとき

○４項　日本電気計器検定所

届出製造事業者等に係る型式を承認したとき

定義　法159条

■校正証明書

分類　計量器の校正

解説　特定標準器による校正若しくは特定標準器以外の標準器により校正された計量器に対し、校正した指定校正機関若しくは登録事業者が校正した結果について法令で定める事項を記載し、標章を付した「証明書」を交付することと定められている。この「証明書」を“校正証明書”という。

校正証明書には、①証明書である旨の表記、②発行番号、発行年月日、③発行者の氏名・名称、住所、役職、押印、④校正依頼者氏名、名称、住所、⑤計量器の名称、器物番号、⑥校正値及び付随する情報、⑦校正等の条件、⑧校正等の実施年月日、⑨標章を付すときは標章、が記載される。

定義　法136条、144条、施行規則82条、94条

関連用語　標章（172ｐ）、指定校正機関（94ｐ）、JCSS（82ｐ）

■校正ラベル

分類 計量器の校正

解説 計量器がJCSS校正を受け発行される計量証明書と一対となるラベルであり、校正された計量器又は外箱等にはり付けるラベルのこと。

校正器物には、校正した証が付されることがないため校正事実を証明することができない。そのため、校正ラベルの要望があり定められたもの。この校正ラベルを発行するときには、校正証明書の記載の内容の一部だけを記載するため、校正証明書には「校正ラベル」と同じ記載がされ、必要な明細は校正証明書を参照できるようになっている。

校正ラベルは、次のように記載される。(MRA対応の場合)

YYYYYY	←	校正証明書の番号
JCSS XXXX	←	"JCSS"＋4桁の認定番号
MRA/IAJapan	←	MRA(国際対応)に対応していることの表記
YYYY－MM－DD	←	校正を実施した年月又は年月日

定義 NITE公開文書 JCRP21「JCSS登録の一般要求事項」付属書1附則

■衡量法

分類 検定・検査

衡量法とは、フラスコ等化学用体積計を検査する場合、検査するフラスコ等で水を計量し、その水の質量と密度からフラスコ等で計量した体積を計算する方法で次の算式から求められる。

$V = W / d\ \{1 + \rho\ (1 / d - 1 / \delta) + \alpha\ (T - t)\}$

V：求める化学用体積計の体積

W：W２（容器＋水）－W１（容器）水の質量

d：水の密度

δ：天びんの分銅の密度（電子天秤の場合は無視）

ρ：空気の密度（0.0012g／㎤）

α：ガラスの体膨脹係数（0.000025毎度）

T：20度（温度が表記されているときはその温度）

t：水の温度

温度換算装置付き燃料油メーターの器差検査の方法として、あらかじめ器差検査をする燃料油メーターに試験液（自動車等給油メーターに表記されている燃料油を含む）を１回以上、空通しした後、試験液を用いて比較法か衡量法で検定を行う。

衡量法で行う場合は、試験液を容器に受け、基準台手動はかりでその質量を計量し、基準密度浮ひょうで基準温度における密度を測定して行い、次の式で体積が求められる。

$Q = (W_2 - W_1) / (d - 0.0011)$

Q：試験液の体積（L）

d：試験液の基準温度における密度（g／㎤）

W_1：試験液を入れる容器の質量（kg）

W_2：試験液が入った容器の質量（kg）

定義　JIS B 8572－1（2008）、JIS B 7525－1（2013）

関連用語　比較法（166p）

■国際MRA対応認定事業者

分類　国際化対応

解説　JCSS登録事業者はISO/IEC17025「試験所及び校正機関の能力に関する一般要求事項」に適合しているが、そのままでは、国際的には通用しない。法で決められた定期検査の条件が国際規格に一部合わないためだが、このギャップを解決するためにNITEはMRA対応認定事業者という仕組みを作り、JCSS登録事業者の証明書がMRA署名国で受け入れられるようにした。

なお、JCSSでは、NITEの審査に合格した事業者を登録するので、登録事業者としているが、国際MRA対応認定事業者は認定条件をクリアしているので、認定事業者として国際的に認められる。

関連用語 JCSS（82 p）

■国際規格

分類 国際化対応

解説 各国の規格の不一致から生じる貿易障害を無くすために、ISOやOIML等の国際団体が策定する規格である。国際規格はそのまま使われることもあるが、わが国の場合は法やJISで対応規格を作り、運用している。OIMLからは計量器別に国際勧告、国際文書、ガイド等が発行され、OIML加盟国は道義的な実行義務がある。ISOの場合には、広い範囲で規格が発行されているが、計量分野でよく用いられているのは、ISO/IEC17025（試験所及び校正機関の能力に関する一般要求事項）、ISO/IEC17011（適合性評価機関の認定を行う機関に対する一般要求事項）、ISO/IEC Guide 34（標準物質生産者の能力に関する一般要求事項）、ISO/IEC Guide 98（測定の不確かさ）、ISO/IEC Guide 99（国際計量計測用語）等がある。

■**国際計量用語集（TS Z 0032：2012　ISO/IEC Guide 99）**

分類　国際化対応

解説　国際規格「ISO/IEC Guide 99:2007」を標準仕様書「TS Z 0032:2012 国際計量計測用語—基本及び一般概念並びに関連用語（VIM）」としたもので、計量用語集である。最初のVIM（国際計量基本用語集：International Vocabulary of Basic and General Terms in Metrology）が発行されたのは、1984年である。その後、化学、生物分野など計量の範囲拡大に伴って改訂され、1993年にVIM 2が出された。さらに不確かさ概念の導入に伴い、2007年にVIM 3に改訂され、ISO/IEC Guide 99として発行された。TS Z 0032:2012はそれに対応する規格である。

■**国際試験所認定協力機構　⇒　ILAC**（4 p）

■**国際相互承認**

分類　国際化対応

解説　それぞれの分野において、世界各国の代表機関の間で、互いに相手の能力を認め合う仕組みが国際相互承認だが、計量に関しては、計量標準の同等性、計量器型式承認、試験・校正機関認定機関の能力の3分野で国際相互承認が行われている。計量標準の同等性については、各国の国立計量標準研究所（わが国の場合、国立研究開発法人産業技術総合研究所計量標準センター）が計量標準の種類、質、供給等について、互いに査察を行い、その能力を承認する協定（Mutual Recognition Arrangement：CIPM MRA）に署名している。計量器型式承認については、法定計量分野で、個々の計量器について相手国の型式承認を相互承認する協定が始まっている。試験・校正機関の能力については、試験所・校正機関の能力を認定する各国機関の国際組織ILACで相互承認協定が結ばれている。

関連用語 MRA（18 p）、MAA（18 p）

■国際組織

分類 国際化対応

解説 国際間の貿易・流通・情報交換などが広がるにつけ、世界で通用する規則や取り決めなどが必要となり、交渉・調整のために色々な国際組織が作られているが、計量に関しては、メートル条約に係わる国際度量衡総会（CGPM）、試験・校正事業者の能力認定に係わる国際試験所認定協力機構（ILAC）、OIML条約に係わる国際法定計量機関（OIML）の三つの国際組織が存在している。国立研究開発法人産業技術総合研究所計量標準センターが、わが国の代表としてCGPM及びOIMLに参加している。ILACには、独立行政法人製品評価技術基盤機構（NITE）、公益財団法人日本適合性認定協会（JAB）、株式会社電磁環境試験所認定センター（VLAC）が参加している。

■国際単位系 ⇒ SI単位系（17 p）

■国際度量衡局（BIPM）

分類 組織名

解説 BIPMは、Bureau International des Poids et Mesures（国際度量衡局）の略号。メートル条約によって設立、CIPM（国際度量衡委員会）の指揮下で運営され、世界の計量体制の実現、改良のために、世界各国の計量研究所と協力しながら、科学・技術の研究を行い、国際計量単位系（SI）の発展・普及を推進している。メートル条約原文はフランス語であるため、BIPMはフランス語の「重さと長さの国際事務局」を略したもの。重要な活動としては、計量の国際同等性の実現へ向けて、国際相互承認取り組み（CIPM MRA）及び各国計量研究所の校正計量能力（CMC）の登録（KCDB）を行っている。それらの能力を保証する手段として、主要国間の国際比較も行っている。さらにAPMP等の地域計量機関（RMO）内の国際比較に協力している。BIPMは研究業務も行い、量に関する10の諮問委員会を運営し、より精度の高いSI単位を構築しようとしている。

関連用語　国際度量衡総会（74 p）

■国際度量衡総会
（CGPM：Conférence Général des Poids et Mesures）

分類　組織名

解説　メートル条約組織の最高機関で、メートル条約加盟国の代表がおおむね４年に１回集まり、SI単位系の拡張と改良のための手段を討議し、実行に移すとともに、計量に関する新しい基本的決議及び新測定結果を確認する。国際度量衡局についても重要な決定を行う。

関連用語　メートル条約（195 p）

■国際標準化機構
（ISO:International Organization for Standardization）

分類　組織名

解説　国際標準化機構は独立した非政府組織で、国際規格を策定している。範囲は技術、工業製品、食品安全、農業、医療等の分野を扱っているが、電気分野についてはIEC（国際電気標準会議）が担当している。各国１機関が参加可能で、現在163の各国標準化団体がメンバーである。規格作成業務はTC１からTC311まである技術委員会で行われる。計量に関してはTC12で、ISO80000

シリーズ（量と単位）の作成・改訂を行っている。他にTC176はISO9000、ISO10012等の品質マネジメント規格を担当している。

■国際法定計量機関　⇒　OIML（19 p）

■極微量物質

分類　計量証明

解説　1960年代に公害と騒がれたカドミウムや亜硫酸ガス等の大気中、排水中の濃度は百万分の１程度で、1980年代の発ガン性が疑われたトリハロメタン等の有害物質の濃度は10億分の１程度だったが、2000年代に問題となった環境ホルモンやダイオキシン類の濃度は１兆分の１程度と、極微量有害物質の有無を確認することが必要となってきた。これら極微量物質の濃度を表すため、MLAP制度がスタートする際、濃度（体積比又は質量比）の法定計量単位の百分率（%）、百万分率（ppm）等に新たに一兆分率（ppt）、千兆分率（ppq）が追加された。

関連用語　特定計量証明事業（143 p）

■国立研究開発法人産業技術総合研究所　⇒　産業技術総合研究所（80 p）

■子メーター

分類　計量器

解説　子メーターとは、貸ビルテナント、アパート等その集合施設の管理者（所有者）が一括して水道、ガス、電力、温水、灯油、熱量等の供給事業者に支払った料金を、各部屋等の使用量に応じて配分するためのメーターのことをいう。一方、その施設の使用量を一括するものを親メーターという。

子メーターのほとんどは特定計量器で、しかも検定対象となる。その使用は、ほとんどが取引証明にあたるため、有効期間を経過していないもので検定証印等が付されているものでなければならない。

子メーターは、供給事業者には直接的な管理責任はないと考えられ、親メーター（取引メーター）のみの検針等を行い、子メーターの検針は行わない。したがって子メーターの管理はその施設の管理者（所有者）が設置し、各メーターの有効期間等の管理を行うことになる。

定義 法16条

■混合商品

分類 商品量目

解説 特定商品２種類以上を混合した結果、別の特定商品になるような商品を混合商品という。

例えば、「柿の種」と「バターピーナッツ」を混ぜて袋詰めした「柿ピー」、「塩」と「こしょう」を混ぜて「塩こしょう」という商品等々。

混合商品は、次の３種類があるが、量目公差の適用にあたっては、原則として混合割合の多い商品の量目公差が適用される。

1　特定商品＋特定商品＝特定商品
2　特定商品＋特定商品以外＝特定商品か特定商品以外（混合割合による）
3　特定商品以外＋特定商品以外＝特定商品以外

定義 特定商品の販売に関する政令３条、別表

関連用語 特定商品（145ｐ）

計量トリビア5　尺貫系単位が使われている貨幣がある？

（独法）造幣局で製造されている硬貨の一つに、尺貫系単位が使われています。

それは5円玉で、その目方は1匁に相当する3.75グラムです。

その由来は、江戸時代初期に中国から大量に輸入されて渡来銭として使われていた「開元通宝」（1文銭）の目方に合わせて1匁にしたこととされています。中国では、宋の時代から穴のあいた「開元通宝」の1文銭1,000枚を紐などで貫通させ、ひとまとめにしたところから「1,000匁＝1貫目」という単位になったそうです。

徳川幕府は、渡来銭に代わる通貨として「開元通宝」と大きさ、目方ともに同じ「寛永通宝」を鋳造しました。

江戸時代は、1匁に相当する目方の単位として「1匁」とは言わず中国と同様に「1銭」と言っていました。公式の呼び方は「1銭」でしたが、庶民の間では「1文」、「1文銭」と呼ばれており、「1文銭の目方」という意味で「文目」と表すようになり、銭という漢字は画数が多く書きにくいので、同じ意味で使われていた「泉」の略字の「匁」が単位として使われるようになりました。

現在では「1匁」という単位は使われなくなり、その目方の単位の「1匁」を穴のあいた5円玉に残しています。

ちなみに、現行貨幣の重さは、500円（7グラム）、100円（4.8グラム）、50円（4グラム）、10円（4.5グラム）、5円（3.75グラム）、1円（1グラム）となっています。

計量トリビア6　尺相当目盛付長さ計をご存知ですか？

度量衡法から計量法への移行に伴い、メートル法に統一されたことから、昭和34年以降は尺目盛のものさしは製造出来なくなり、今まで使用していた大工や和裁をする人が困るようになりました。そこで、尺のものさしがヤミで出回り、売買されるようになりました。その当時のラジオパーソナリティーの永六輔氏が「法律で日本人の文化や伝統技術で使用している尺のものさしを禁止するのはおかしい」と発言し、大きな社会問題になりました。そこで当時の通商産業省は計量行政審議会に諮問し、その中で実態調査を行い、関係者の意見を聞いた上で建議が行われ、それをもとに通達が出されました。

通達の内容は、メートル系単位の統一という原則は堅持しつつ、あくまでも大工や和裁をする人の不便を解消し、ヤミ商品の流通による社会的不公正を是正するために尺相当目盛付長さ計を当分の間、届出制にするというものでした。

尺相当目盛付長さ計は、尺・寸などの表示は行わず、曲尺等は1/33m、和裁用の鯨尺は1/26.4m等の表示を行い、あくまでもメートル系単位のものさしであって、尺貫法が復活した訳ではないということです。

さ

■最小測定量

分類　計量器

解説　平成５年改正前の旧計量法では質量計について、使用範囲の制限が規定されていた。旧基準の質量計で精度等級H級、M級の使用範囲は目量の20倍以上、O級は10倍以上とされていた。

平成12年８月の改正で、新たに対象となった新基準の質量計では、最小測定量として、１級では目量又は補助目量の100倍以上、２級では目量が10mg以上50mg以下で目量又は補助目量の20倍以上、目量が100mg以上では目量又は補助目量の50倍以上、３級では目量又は補助目量の20倍以上とされ、また、４級では目量又は補助目量の10倍以上と改正された。

新基準による最小測定量、旧基準の使用範囲は、質量計のセンサーである「ばね」、「起歪体（ロードセル）」等の持つ特性を有効に利用できることと、電気的にも分解能の関係やゼロトラッキングの影響を受けないために、はかりの性能が十分に機能する最も少ない測定量として「計量に適する下限」を規定したものである。

定義　JIS B 7611－２（2015）

■最大需要電力計

分類　計量器

解説　電気料金は基本料金と使用電力量の合計の金額となる。基本料金は契約電力×単価だが、契約種別や電力会社により単価は異なる。

家庭では電力の取引には電力量計（電気メーター）が使用され

ている。一方、短時間に集中して大きな電力を使用する工場等では、電力会社との間で最大電力について契約している。

この契約最大電力が守られているかどうかを測定するため、最大需要電力計が使用されている。

最大需要電力計は、ある一定時間（通常は30分間）ごとの電力量から使用された平均の電力値を求めるもので、このときに測定された平均電力を需要電力という。

定義 施行令２条11号

■産業技術総合研究所

分類 組織名

解説 正式には国立研究開発法人産業技術総合研究所、略して産総研と呼ばれる組織で、わが国最大級の公的研究機関である。研究分野として、エネルギー・環境領域、生命工学領域、情報・人間工学領域、材料・化学領域、エレクトロニクス・製造領域、地質調査総合センター、計量標準総合センターの５領域２センターがある。計量については、計量標準総合センターが、日本の国家計量研究所（NMIJ：National Metrology Institute of Japan）として、わが国の計量標準の開発・維持・供給・普及と計量標準に関連する計測技術の開発、法定計量業務の実施及び計量人材育成を行っている。

関連用語 NMIJ（17ｐ）

■参照標準とワーキングスタンダード

分類 計量器の校正

解説 トレーサビリティ制度（JCSS）の中には、さまざまな計量標準の順位が存在する。最高位の計量標準は産総研等が保管する国家計量標準で、特定一次標準と呼ばれる。この特定一次標準で校正された計量標準を特定二次標準と呼び、大半のJCSS登録事業者はこの特定二次標準を所有している。この特定二次標準で校正された標準を常用参照標準と呼ぶ。JCSS登録事業者は特定二次標準若しくは常用参照標準を保持している必要がある。これらの標準を用いて、一般のユーザーの計量器を校正する。流れとしてはこの通りだが、実際の校正に特定標準及び参照標準を用いることはほとんどない。使用により標準そのものに汚れ等何らかの影響を被る可能性があるからである。このため全く同等の標準を用意し、それを使って校正をする。この標準をワーキングスタンダードと呼ぶ。高位のワーキングスタンダードを副標準と呼ぶこともある。ワーキングスタンダードのうち、現地校正のために持ち運ぶ標準をトランスファースタンダードと呼ぶことがある。

定義　NITE公開文書　JCRP21「JCSS登録の一般要求事項」4．用語

し

■CGPM　⇒　国際度量衡総会（74ｐ）

■ｃマーク

分類　国際化対応

解説　ｃマークは中華人民共和国で2005年に制定された定量包装商品計量監督管理弁法に基づいて計量保証能力を認定された企業が包装商品に表示できる標識である。中国で生産・販売する場合、包装商品は同法によらなければならない。規制当局による取り締まりが行われるが、ｃマーク付きの包装商品は抽出検査を免除される。

・定量包装商品計量監督管理弁法（国家品質監督検験検疫総局第

75号)

関連用語 eマーク(9p)、kマーク(45p)

■**JQA ⇒ 一般財団法人日本品質保証機構**(12p)

■**JCSS**

分類 計量器の校正

解説 Japan Calibration Service Systemの略で「計量法トレーサビリティ制度」のこと。

国際貿易の自由化が進む中、製品規格が国際化されて国家標準や国際標準につながりがある計量、計測の必要性が生じてきたため、わが国の計量法において計量標準の供給制度が見直しされて設けられた制度である。

国家標準の設定基準、国家基準にトレーサブルな計量標準を供給できる校正事業者の登録制度を定めている。

特定標準器によるものとそれ以外の計量器による校正等が定められており、後者は、長さ、質量、時間及び周波数、温度のように24区分がある。

登録に関する事務は、独立行政法人製品評価技術基盤機構が行っている。また、登録に先立ち機構の審査があり、「ISO/IEC 17025 試験所及び校正機関の能力に関する一般要求事項」に適合しなければならない。要求事項としては、システムに関して「管理上の要求事項」と「技術的要求事項」がある。

定義 法134条、143条

関連用語 トレーサビリティ(150p)

■**JEMIC ⇒ 日本電気計器検定所**（155ｐ）

■**時間・距離併用メーター**

分類 計量器

解説 タクシーメーターは、法２条４項で規定される特定計量器である。取引や証明における計量に使用されるもので、適正計量の実施を確保するため、その構造又は器差に係る基準を定める必要があると定められたもので、一般乗用旅客自動車運送事業に用いる自動車に取り付けられる回転尺で走行距離に相当する料金を表示する料金メーターである。

タクシーメーターの特殊機能である時間・距離併用という機能は、車両走行した時の速度によって、時速10km／ｈ以下や停止状態になると距離機構から時計機構に自動的に切り替わり、時間に相当する距離が加算され、また、走行速度が10km／ｈ以上になると、自動的に距離機構が作動する機能になっている。

この機能が装置される前は、例えば交通渋滞に遭遇すると、走行距離も進まず、時間を費やするため運転手の売り上げが上がらず、昭和30年代に交通ルールを無視して営業を行う「神風タクシー」が横行し社会問題になった。

そこで、タクシーを管轄していた当時の運輸省が交通渋滞でも料金が上がる時間距離併用のメーターを導入した。利用者が交通渋滞で料金の加算がいやであれば降りる選択肢がある。しかし、高速道路で渋滞に遭遇しても降りることができないので、距離だけが加算される機能（支払）に運転手は切り替えなければならない。

定義 JIS D 5609（2014）

関連用語 タクシーメーター（127ｐ）

■事業承継証明書

分類 届出・手続

解説 届出製造事業者、届出修理事業者、届出販売事業者、認定計量証明事業者、指定製造者、外国指定製造者、指定製造事業者、外国指定製造事業者、承認製造事業者、承認外国製造事業者、計量証明事業者、適正計量管理事業所、登録事業者は、その事業の地位の承継があった場合「事業承継証明書」を届出書に添付して提出しなければならない。

定義 施行規則様式6の2

関連用語 事業承継同意証明書（84ｐ）、事業譲渡証明書（84ｐ）

■事業承継同意証明書

分類 届出・手続

解説 届出製造事業者、届出修理事業者、届出販売事業者、認定計量証明事業者、指定製造者、外国指定製造者、指定製造事業者、外国指定製造事業者、承認製造事業者、承認外国製造事業者、計量証明事業者、適正計量管理事業所、登録事業者は、相続によりその事業の承継があった場合に、被相続人全員の同意により代表として選んだ相続人の届出書とともに提出しなければならない。

定義 施行規則様式5

関連用語 事業承継証明書（84ｐ）、事業譲渡証明書（84ｐ）

■事業譲渡証明書

分類 届出・手続

解説 届出製造事業者、届出修理事業者、届出販売事業者、認定計量証明事業者、指定製造者、外国指定製造者、指定製造事業者、外国指定製造事業者、承認製造事業者、承認外国製造事業者、計量証明事業者、適正計量管理事業所、登録事業者は、その事業の

全部を譲り受け、地位を承継した場合に「事業譲渡証明書」を届出書に添付して提出しなければならない。

定義 施行規則様式4

関連用語 事業承継証明書（84ｐ）、事業承継同意証明書（84ｐ）

■事業報告書

分類 届出・手続

解説 指定定期検査機関は、毎事業年度経過3か月以内にその事業年度の事業報告書を都道府県知事又は特定市町村の長に、また、指定計量証明検査機関は、都道府県知事に提出しなければならない。

指定検定機関は、毎事業年度経過3か月以内にその事業年度の事業報告書を経済産業大臣に提出しなければならない。

定義 法33条、106条、121条、121条の10

関連用語 年度報告（157ｐ）

■爾後（じご）の間差（後続距離）

分類 検定・検査

解説 営業用のタクシーにタクシーメーターを装備した状態でその性能を検査することを「装置検査」という。その際、タクシーの料金体系に応じて、初乗り乗車基本距離（例：2km）を超えた後、次から、走行距離に応じて運賃が増加する「距離」（間隔）のこと。料金体系により「爾後（じご）の間差」（例：245m）は、一定に定まっているが、時間距離併用メーターの場合には、走行速度が一定速度以下（例：10km/h）になると時間（例：2分30秒）が経過すると運賃は増加する。

JISでは、“距離計測状態において、運賃の表示が変更したときから、次の運賃に変更するまでの距離”とされている。

定義 JIS D 5609（2014） 3.6

関連用語 タクシーメーター（127 p）

■自重計

分類 計量器

解説 自重計は法２条４項で規定される特定計量器である。取引や証明における計量に使用されるものとして適正計量の実施を確保するため、その構造又は器差に係る基準を定める必要があると定められたもので、貨物自動車に取り付けて貨物の質量を計量するものと定められている。

この自重計が計量法に取り込まれたのは、昭和30年代に高度経済成長に向かって、産業界、建設業界が活気づいていて、その輸送を担う大型貨物自動車（ダンプカー）において短時間・大量輸送のため過積載や交通ルール無視が横行し、社会問題化していた。そこで、当時の運輸省が車体の荷台の下に積載物の荷重が測定できる自重計を装備することを義務付け、外観上から過積載の取り締まりができるよう法改正を行った。しかし、自重計の使用実態は貨物自動車に装置され使用されるため、検定等が難しく、法２条４項の特定計量器ではあるものの、法16条１項括弧書きで施行令５条２号の使用の制限の特例に係る特定計量器として検定から除外されている。

このため、検定証印は付されないが、施行令５条により取引・証明に使用できるため、適正な計量の実施を確保する観点から、自重計の製造事業者を製造の事業の届出の対象とし、検査義務の履行により、適正な自重計の担保を図っている。

定義 法２条４項、16条１項括弧書き、施行令２条２号イ(3)

土砂等運搬大型自動車に取り付ける自重計の技術上の基準を定める省令（昭和43年通商産業省・運輸省令第１号）

関連用語　質量計（90ｐ）

■JIS TS Z 0033：2012

分類　法令・規格・規程名

解説　国際規格である「ISO/IEC Guide 98-3:2008」を、国内規格「TS Z 0033：2012　測定における不確かさの表現のガイド」としたもので、1995年に発行されたGuide to the expression of uncertainty in measurement（GUM）が2008年にISO/IEC Guide 98-3として位置づけられた。GUMの改訂も検討されているが、GUM本体はそのままとして、「モンテカルロ法による分布計算法」等の補完規格を作り、「ISO/IEC Guide 98」シリーズとして刊行されつつある。

JIS TS規格は、まだJIS化には至らないが、将来的には重要な規格になると考えられる規格で、「標準仕様書」と呼ばれる。

■施設、設備等

分類　行政機関・行政事務

解説　特定市に必要とされる施設、設備等は告示により示されている。

特定市の業務である定期検査、各種の立入検査及び市民からの苦情等において必要となる基準器（基準分銅、基準タンク等）、検査設備のこと。

定義　特定市町村が計量法第19条の定期検査及び同法第148条の立入検査等の事務を行う場合に必要となる計量器並びに器具、機械又は装置及び施設について（平成12年通商産業省告示第118号）

関連用語　特定市（145ｐ）

■自然減量

分類 商品量目

解説 青果類に多く見受けられる「自然減量」は、計量時には含まれていた水分が、時間の経過とともに蒸発等により自然に減量する。この場合、内容量不足が生じてしまい、これは、購入する消費者が不利益を被るため、表記した計量値を確保するよう、こまめに再計量等の量目管理が必要となる。

関連用語 ドリップ・離水性（149 p）

■事前調査

分類 検定・検査

解説 都道府県知事が行う定期検査については、検査対象となる区域の市町村長に事前調査の義務が課せられている。また、事前調査報告は定期検査の期日の初日から起算して10日前までに行わなければならない、と規定されている。対象計量器の使用者名、住所、業種、特定計量器の種類、台数等を調査し「定期検査対象特定計量器調査報告書」（検定検査規則様式12）により報告する。

都道府県では、この調査報告に基づき定期検査を実施している。

定義 法22条、検定検査規則37条、様式12

関連用語 定期検査（133 p）

■自治事務

分類 行政機関・行政事務

解説 「自治事務」は、地方公共団体が行う事務のうち「法定受託事務」を除いた事務をいう。一方「法定受託事務」は、国が本来果たすべき役割に係る事務であるが、適正な処理を特に確保する必要があるものとして法律又はこれに基づく政令で特に定められ、地方公共団体に委任した事務をいう。

1　計量法上の自治事務

(1)　正確計量に係る勧告・公表（法10条）

(2)　特定商品に係る勧告・公表（法15条）

(3)　定期検査（法19条）

(4)　検定（法70条）

(5)　計量証明検査（法116条）

(6)　適正計量管理事業所の検査（法127条）

(7)　立入検査（法148条）

2　計量法上の法定受託事務

(1)　計量士の登録に係る事務

(2)　都道府県の国への通知事務

①　製造事業の届出に係る事務（法40条2項他）

②　指定製造事業者の指定に係る申請書の通知事務

(3)　都道府県市による事前検査事務等

①　届出製造事業者に係る都道府県の検査及び検査結果の経済産業大臣への報告（法91条2項、3項）

②　適正管理事業所である国の事業所に関する事務（法127条2項～4項）

③　適正管理事業所である国の事業所に関する事務で特定市町村が処理するとされている事務（法127条2項～4項）

3　政令に委任された都道府県が処理する事務

(1)　特殊容器の使用、特殊容器の製造事業等に関する事務（法17条1項、法59条、62条1項、64条、65条及び67条）

(2)　適正管理事業所である国以外の事業所（法127条2項～4項）

定義　法169条の2、地方自治法2条8項、9項

関連用語　法定受託事務（187ｐ）

■実用基準分銅

分類 計量器

解説 非自動はかりの器差検査には、基準分銅に代えて材質、形状等に応じ、基準分銅と同等以上に調整を行った実用基準分銅を使用することができる。

この実用基準分銅は、精度調整の維持ができる範囲で、検定、定期検査に必要とするすべてのものを使用可能にするとともに、その調整は上位の基準分銅、実用基準分銅、標準分銅及び基準はかり等を用いて行う。

実用基準分銅を検定、定期検査に使用する場合は、その調整方法、管理方法等について「質量標準管理マニュアル」を作成し、都道府県及び特定市町村の長は国立研究開発法人産業技術総合研究所に、指定定期検査機関等、計量士による代検査、適正計量管理事業所の計量士による検査は、管轄する都道府県知事又は特定市町村の長にその内容について承認を受ける必要がある。

定義 JIS B 7611－2（2015）附属書JC

関連用語 質量標準管理マニュアル（92 p）

■質量計

分類 計量器

解説 質量計は法２条４項で規定される特定計量器である。取引や証明における計量に使用されるものとして適正計量の実施を確保するため、その構造又は器差に係る基準を定める必要があると定められた特定計量器で、その内容は次の通り。

○特定計量器となる質量計

1　特定計量器となるものは、質量計で非自動はかりのうち

⑴　目量が10mg以上であって、目盛標識が100以上のもの

⑵　手動天びん及び等比皿手動はかりのうち、表記された感

量が10mg以上のもの

(3) 自重計（貨物自動車に取り付けて積載物の計量に使用するもの）

2 自動はかり

3 表す質量が10mg以上の分銅

4 定量おもり及び定量増おもり

○使用制限の特例に係る質量計は次の通り（法16条）。

1 マットスケール

（平方メートルで表した載せ台の面積の値をトンで表したひょう量の値で除した値が0.1以下のもの）

2 ロードメーター

（ひょう量が0.5トン以上であって、載せ台の幅が400mm以下のもの）

3 自重計（貨物自動車に取り付けて積載物の計量に使用するもの）

4 ホッパースケール、充塡用自動はかり、コンベアスケール及び自動捕捉式はかりを除く自動はかり

○質量計及び分銅、おもりの検定主体

型式の承認に係る表示が付されたものは都道府県知事又は指定検定機関

○質量計の検査で個々に定める性能

表記事項、感じ、同一質量による繰り返し、偏置誤差、零設定機構、風袋引き機構の誤差、零点調整機構の精度

定義 法２条４項、16条、施行令２条２項、JIS B 7611－２（2015）附属書JA～JF

■質量標準管理マニュアル

分類 検定・検査

解説 計量法において、特定計量器である「質量計：非自動はかり」の検定、検査には、基準分銅を使用しなければならない。基準分銅の使用頻度が大きい場合、大量の基準分銅を保有し管理しなければならない場合が多くある。基準分銅の劣化、管理費の高騰を避ける上で、基準分銅と“はかり”を用いて質量を比較校正した分銅（実用上で使用する基準器：実用基準分銅という）を使用することができることとなっている。

このためには、実用基準分銅を作成するための具体的細則として「質量標準管理マニュアル」を管轄する機関である、産業技術総合研究所、都道府県知事、市町村の長に届け出て承認されていなければならない。

定義 JIS B 7611－2（2015） 附属書JC

関連用語 実用基準分銅（90ｐ）

■指定外国製造事業者

分類 計量器の製造・修理・販売

外国で日本に輸出される型式承認を受けた特定計量器の製造の事業を行う者で、優れた品質管理能力を有する者は、申請により品質管理の方法についての指定検査に適合すると経済産業大臣から指定される。この外国製造事業者を「指定外国製造事業者」という。

定義 法101条

関連用語 指定製造事業者（95ｐ）、型式承認（33ｐ）

■指定外国製造者

分類　計量器の製造・修理・販売

解説　外国において、日本に輸出される特殊容器（ビール瓶等の定型形状で容積により商品を販売するための容器）の製造の事業を行う者。特殊容器の製造場所が外国であっても経済産業大臣の指定は、国内製造者（指定製造者）と同様に外国に所在する工場又は事業場ごとに行う。

定義　法69条

関連用語　特殊容器（138ｐ）

■指定計量証明検査機関

分類　計量証明

解説　都道府県知事から登録を受けた計量証明事業者は、計量証明に使用する特定計量器について特定計量器ごとに定められた周期で検査を受けなければならない。都道府県知事は、知事に代わってこの検査業務を行うものとして申請のあった者を指定することができ、指定された者のことを「指定計量証明検査機関」という。環境計量証明事業にあっては、「特定計量証明検査機関」がある。

指定の要件は、省令で定められており、組織の管理状況は他の指定機関等と同様であり、計量証明検査の業務範囲に応じた①検査器具、機械又は装置の保有、②知識経験を有する者とその人数が定められている。

例：質量区分では、①基準分銅、基準はかり、②人数２名　最低一般計量士１名と短期計量教習以上を終了した者で１年以上の実務経験の保有者

定義　法117条、検査機関の指定等に関する省令

■指定検定機関

分類 検定・検査

解説 指定検定機関は、公的機関（国立研究開発法人産業技術総合研究所、都道府県知事、電気計器検定所）に代わる経済産業大臣が指定する検定機関である。

指定検定機関は公的機関と同等の機能を確保し、保持することができる民間の機関で、行うことができる特定計量器の検定業務は、政令の指定の区分により指定された範囲のもの。

なお、届出製造事業者等からの申請による型式承認試験、指定製造事業者の申請の際の品質管理の方法についての調査も行うことができる。

2017年３月末、指定を受けている機関は（一財）日本品質保証機構（環境計量器）である。

2017年６月の政令改正により自動はかり４器種（ホッパースケール、充填用自動はかり、コンベヤスケール及び自動捕捉式はかり）を指定検定機関の指定の区分に追加した。国は今後、自動はかりの検定を実施する民間事業者の指定検定機関への参入を促進する予定である。

定義 法78条、93条、106条、施行令２条、26条、検査機関の指定等に関する省令

■指定校正機関

分類 計量器の校正

解説 「指定校正機関」とは、特定標準器等による校正を行う機関をいう。経済産業大臣が指定する。

「特定標準器等」とは、経済産業大臣が計量器の標準となる特定の物象の状態の量を現示する「特定標準器」及び特定標準器に代わるものとして計量器の校正をされた計量器として指定された

「特定副標準器」、「特定標準物質」及び特定標準器若しくは「特定標準物質」に代わるものとして計量器の校正をされた計量器として指定された「特定副標準器」若しくは「特定副標準物質」をいう。

指定校正機関の指定要件は、法140条に定められている。

現在指定されている機関は、一般財団法人日本品質保証機構（JQA）、一般財団法人化学物質評価研究機構（CERI）及び国立研究開発法人情報通信研究機構の３機関である。それぞれ機関順に熱量、標準物質、周波数標準器等の校正を行う機関として指定されている。

定義 法135条、140条

■指定製造事業者

分類 計量器の製造・修理・販売

解説 届出製造事業者であって、優れた品質管理能力を有する者は、申請により品質管理の方法について指定検査に適合すると経済産業大臣から指定される。この届出製造事業者を「指定製造事業者」といい、この製造事業者の製造する特定計量器に対し、検定検査規則の基準に基づく自主検査を行い基準に適合するものについて一定の表示（基準適合証印）を付すことができる。これは、計量行政機関等が行っている検定（証印）に代えることができる制度。

指定は届出製造事業者等の申請により事業の区分に従い、工場又は事業場ごとに行われる。

定義 法90条～100条

関連用語 届出製造事業者（149ｐ）

■指定定期検査機関

分類 検定・検査

解説 都道府県知事、特定市町村の長の行う定期検査の検査業務を行政機関に代わり、申請により適確に定期検査を行うことができるなどの指定基準に適合している者を、知事等が指定した民間の機関。

機関の指定は、定期検査業務の全部又は地域別・特定計量器の種類別・ひょう量別等範囲を限定して指定するこができる。

指定期間は３年（更新可）。

定義 法20条、26条～39条

■指定の基準

分類 法規制

解説 指定製造者、指定製造事業者、指定定期検査機関、指定計量証明検査機関、指定検定機関、特定計量証明認定機関、適正計量管理事業所については、法に規定されている指定の基準に適合していることにより指定を受けることができる。具体的な基準は、保有する設備、知識経験を有する者が実施する等、それぞれに規定されている。

外国の事業者も同様である。

定義 法28条、60条、92条、106条（準用）、121条（準用）、121条の８、128条、検査機関の指定等に関する省令

■指定の更新

分類 法規制

解説 指定定期検査機関、指定計量証明検査機関、指定検定機関、特定計量証明認定機関の指定期間は３年と規定されている。指定を継続するためには指定の更新手続をしなければならない。

定義　検査機関の指定等に関する省令

■指定の承継、変更、廃止

分類　法規制

解説　指定に関する承継、変更、廃止の届出を課されているのは、届出製造・修理・販売事業者、指定製造者、指定定期検査機関、指定計量証明検査機関、指定検定機関、適正計量管理事業所、登録事業者、特定計量証明事業者である。

また、外国の事業者も同様である。

定義　指定製造者：法61条、62条、65条

指定定期検査機関：検査機関の指定等に関する省令５条

指定計量証明検査機関：検査機関の指定等に関する省令18条（準用）

指定検定機関：検査機関の指定等に関する省令13条（準用）

適正計量管理事業所：施行規則81条（準用）

登録事業者：施行規則92条２項（準用）

特定計量証明事業者：施行規則49条の６及び10（準用）

■指定の申請

分類　法規制

解説　指定定期検査機関は、定期検査を行う地域を管轄する都道府県知事又は特定市町村の長に申請する。

指定製造者は、事業場を管轄する都道府県知事に申請する。

指定製造事業者は、事業場を管轄する都道府県知事を経由して経済産業大臣に申請する。

指定検定機関、特定計量証明検査機関、外国指定製造者、指定外国製造事業者、指定校正機関は、経済産業大臣に申請する。

適正計量管理事業所は、事業所の所在地を管轄する都道府県知

事に申請する。ただし、その所在地が特定市町村の区域にある場合は、特定市町村の長を経由する。

定義 法26条、59条、91条、121条の7、127条、138条、検査機関の指定等に関する省令1条、9条、18条、18条の3

■自動車等給油メーター

分類 計量器

解説 自動車等給油メーターは法2条4項の特定計量器である。取引や証明における計量に使用されるもので、適正計量の実施を確保するため、その構造又は器差に係る基準を定める必要があると定められた特定計量器で、計量法では燃料油（揮発油、灯油、軽油又は重油）の体積の計量に使用する積算体積計。口径50mm以下の燃料油メーターのうち、自動車等給油メーターは次の通り。

○自動車等給油メーター

自動車の燃料タンク等に燃料油を充てんするための機構を有し、給油所に設置するものを「自動車等給油メーター」といい、このメーターを使用して一般給油取扱所では、主に揮発油（ガソリン）、軽油、灯油を計量販売し、燃料商では灯油を計量販売している。

○自動車等給油メーターの有効期間

自動車の燃料タンク等に燃料油を充てんするための機構を有するものであって、給油取扱所に設置するもので自動車等給油メーター等は7年

定義 法2条4項、施行令2条5号イ(3)、JIS B 8572－1（2008）、8572－2（2011）、8572－3（2011）、8572－4（2014）

■自動はかり

分類　計量器

解説　計量結果を得るために計量過程で操作者の介在を必要としないはかり（JIS B 0192（2013））。

従前、自動はかりは法規制から除かれていたが、平成29年の政令改正（平成29年政令163号：公布６月21日、施行平成29年10月１日）により特定計量器として規制対象となる。自動はかりの中で４器種（ホッパースケール、充てん用自動はかり、コンベヤスケール及び自動捕捉式はかり）が検定対象となり、検定の有効期間は２年（適正計量管理事業所が当該事業において使用する自動はかりについては、６年）である。

１　検定の主体（申請書提出先）

検定の実施主体は、国立研究開発法人産業技術総合研究所又は指定検定機関

２　経過措置

すでに自動はかりを使用している者等への影響を考慮し、検定開始までの経過措置が次のとおり定められている。

○附則別表

特定計量器	新たに使用するものの使用制限開始日	既使用のものの使用制限開始日	検定の開始日
１　自動捕捉式はかり	2022年４月１日	2025年４月１日	2019年４月１日
２　ホッパースケール、充填用自動はかり、コンベヤスケール	2023年４月１日	2026年４月１日	2020年４月１日

定義 施行令2条、5条3号、別表第3、別表第4（いずれも平成29年政令163号による改正後のもの）、平成29年政令163号改正附則別表

関連用語 非自動はかり（167ｐ）

■事務の区分

分類 行政機関・行政事務

解説 法169条の2の規定により、法定受託事務は次の事務である。

1　製造事業の届出に関する事務

2　届出製造事業者に係る指定に関する事務

3　経済産業大臣が指定する適正計量管理事業所に係る事務

法定受託事務以外は、地方自治法に定められている地方公共団体固有の事務「自治事務」である。

なお、都道府県を経由して行う計量士の登録申請等の手続は、政令による事務の区分として、地方自治法第2条第9項第1号の法定受託事務とされている。

定義 法169条の2

関連用語 地方計量行政機関（131ｐ）

■尺貫法

分類 計量単位

解説 明治以前、日本の計量の尺度（単位）は、長さは「尺（しゃく）」、質量は「貫（かん）」、面積は「歩（ぶ）」又は「坪（つぼ）」、体積は「升（しょう）」を用いていた。尺貫法という名称は、長さの単位に尺、質量の単位に貫を基本の単位とすることによる。

明治18年（1885年）にメートル条約に加入し、明治24年（1891年）に1尺＝10mの33分の1（約30.3cm）、1貫＝3.75kg、1歩

（又は１坪）＝約3.3平方メートル、１升＝約1.8リットルとして「度量衡法」（度は長さ・量は体積・衡は質量）が定められた。

昭和27年（1952年）に施行された「計量法」で、一部の例外を除いてメートル法の使用が義務付けられた。

関連用語　SI単位系（17ｐ）

■車両等装置用計量器

分類　計量器

解説　車両その他の機械器具に装着して使用される特定計量器で政令に定めるものを「車両等装置用計量器」という。

1　装置検査の主体は車両等装置用計量器の所在地を管轄する都道府県知事

2　装置検査に合格したものには「装置検査証印」が付される。

3　この「装置検査証印」（有効期間を経過しないものに限る）が付されているものでなければ、取引又は証明における計量に使用できない（有効期間は１年）。

定義　法２条４項、16条３項、75条１項、施行令２条１号、７条、20条、JIS D 5609（2014）

関連用語　タクシーメーター（127ｐ）

■集合場所検査

分類　検定・検査

解説　都道府県知事、特定市町村の長は次の事項を定期検査の期日の１ヶ月前までに公示をする。

1　区域

2　対象特定計量器

3　実施の期日及び場所

4　指定定期検査機関が行う場合はその名称

公示された場所が学校や公共施設等の場合において、計量器の受検者がその場所まで持参して検査を受けることを集合場所検査という。最近では電気式はかりが普及してきており、運搬等が困難なため都道府県知事、特定市町村の長が計量器の所在の場所を定期検査の実施の場所として公示していることが多くなってきている。

実施機関の指定場所以外で検査をする次の場合には、特定計量器の所在の場所（所在場所検査）で行うことができる。

1　特定計量器の運搬が著しく困難な場合
2　運搬により破損又は精度が落ちるおそれがあるとき
3　特定計量器が土地又は建物等に取り付けられているもの
4　特定計量器の数が多い場合又は検査設備を備えている場合
5　所在場所が効率的に定期検査が行える場合であるとき

所在場所検査をする場合は、所在場所検査の申請書を提出する必要がある。

定義　法21条２項、検定検査規則39条１項

関連用語　所在場所定期検査（108ｐ）

■修理

分類　計量器の製造・販売・修理

解説　計量器を使っていると、性能及び部品等が劣化する。その劣化した部品の取替や調整を行い、性能等を元どおりにすることを修理という。なお、製造された時より性能等がアップする行為は改造等に該当し、異なる計量器の製造とみなされる場合があるので注意が必要。修理を行う場合、原則として修理事業の届出が必要（ただし、製造事業の届出を行っている場合は、届出に係る特定計量器の修理事業を届出なしに行うことができるため、別途修理の届出は不要）。

定義 法46条１項（経済産業省令で定める軽微な修理を除く。)、施行規則13条（５条～９条の準用）

関連用語 簡易修理（34ｐ)、軽微な修理（47ｐ）

■重力加速度

分類 計量器

解説 地球上ではどんな物体でも地面の方向への力（重力）を受けており、その大きさはその物体の質量に比例する。この比例定数が重力加速度である。「はかり」の中で、てこを利用した「天びん」・「皿手動はかり」・「台手動はかり」などは、重力が相殺されるため重力の影響を考慮しなくてもよいが、「電気式はかり」、「ばね式はかり」等は、使用場所の重力の加速度の影響を受けるため、補正が必要である。なお、取引・証明に使用される「電気式はかり」、「ばね式はかり」及び「家庭用体重計」等は使用される地域の重力の加速度に適合したものが使用されている。

■受講資格（計量教習）

分類 計量教習

解説 一般計量教習は、産業技術総合研究所が行う入所試験に合格した者が受講できる。

一般計量特別教習、環境計量特別教習（濃度関係、騒音・振動関係）は、上記一般計量教習を修了した者が受講できる。

環境計量講習（濃度関係、騒音・振動関係）は、環境計量士（濃度関係、騒音・振動関係）国家試験に合格した者が受講できる。また、短期計量教習や特定教習は産業技術総合研究所の理事長が認めた者と規定されている。

詳しくは、産業技術総合研究所の計量研修センターのホームページに掲載されている。

定義　施行規則120条

関連用語　計量教習（52ｐ）

■酒精度浮ひょう

分類　計量器

解説　酒精度浮ひょうは、法２条４項で規定される特定計量器である。取引や証明における計量に使用されるものとして適正計量の実施を確保するため、その構造又は器差に係る基準を定める必要があるとされた特定計量器で、濃度計に分類され酒類のアルコール濃度を計量するもの。

○参考　酒精度浮ひょう　制定JIS概要　（抜粋）

この規格は、日本国内で取引又は証明に使用する酒精度浮ひょうのうち、温度15℃での酒精と水の混合液中の酒精の濃度が、０体積百分率～100体積百分率で一定の範囲の濃度を体積百分率で表す目盛が付されたものであって、目量が0.1体積百分率、0.2体積百分率、0.5体積百分率の浮ひょうについて標準化を行い、生産及び使用の合理化、品質の向上を図るため制定するものである。

○主な規定項目

①適用範囲、②引用規格、③用語及び定義、④検定公差、⑤材料、⑥性能、⑦試験方法、⑧表示、⑨検定、⑩使用中検査、⑪対応関係

附属書A（規定）国際アルコール表、附属書B（参考）指示値の読替え表

定義　法２条４項、施行令２条17号ヲ、JIS B 7548（2009）

■出張検査

分類 検定・検査

解説 通常は、特定計量器の検定を受けようとする者は、検定検査規則４条に定められているように、検定機関等に申請書とともに受検する特定計量器を提出することになっている。

しかし、大型の変成器付電気計器や大型はかり若しくは受けるべき計量器の数量が大量である場合など一定の要件に合致する場合にあっては、申請により工場や設置場所等で検定を受けることができるよう定められている。この場合には、職員の出張に係る経費が必要となる。

また、検定所以外の場所で変成器付電気計器の検定をすべき期間は、その準備に係る期間を考慮して50日間とされている（検定所で実施する場合は30日間）。

定義 検定検査規則４条、５条、71条

関連用語 変成器（184ｐ）

■承継

分類 届出・手続

解説 法41条において「届出製造事業者がその届出に係る事業の全部を譲渡し、又は届出製造事業者について相続、合併若しくは分割（その届出に係る事業の全部を承継させるものに限る。）があったときは、その事業の全部を譲り受けた者又は相続人（相続人が二人以上ある場合において、その全員の同意により事業を承継すべく相続人を選定したときは、その者。）、合併後存続する法人若しくは合併により設立した法人若しくは分割によりその事業の全部を承継した法人は、その届出製造事業者の地位を承継する。」と規定されている。この法41条の規定は、届出修理事業者、届出販売事業者、認定特定計量証明事業者に準用されてい

る。

また、特殊容器の指定製造者、指定外国製造者は、法61条により上記と同様の承継規定がある。この法61条の規定は、承認製造事業者、承認輸入事業者、指定製造事業者、計量証明事業者、適正計量管理事業所に準用されている。

定義 法41条、61条

関連用語 事業承継証明書（84ｐ）、事業承継同意証明書（84ｐ）、事業譲渡証明書（84ｐ）

■使用公差

分類 検定・検査

解説 特定計量器ごとに規定されている使用中における許容誤差である。

検定に合格し取引証明に使用されている計量器は、その使用頻度、経年変化等による劣化により、検定時の精度が維持できなくなる可能性があるため、使用公差はおおむね検定公差の２倍の誤差（器差）が許容されている。

使用中検査（質量計の定期検査、立入検査等）で使用公差を超える誤差（器差）があったものは、取引証明に使用してはならない。

定義 検定検査規則45条

関連用語 検定公差（63ｐ）、公差（66ｐ）、器差（36ｐ）

■照度計

分類 計量器

解説 照度計は法２条４項で規定される特定計量器である。取引や証明における計量に使用されるものとして適正計量の実施を確保するため、その構造又は器差に係る基準を定める必要があると定められたもの。照度計は照らされる面の明るさを数値化し、単位面積当たりの光束を測定するもの。

検定主体は国立研究開発法人産業技術総合研究所又は指定検定機関である。

定義 法２条４項、施行令２条14号、JIS C 1609－２（2008）

■商品量目

分類 商品量目

解説 重さのことを目方（めかた）、増量することを入れ目（いれめ）、メートル法以前の尺貫法では貫目（かんめ）、等々の表現があったことを考えると、もともとは量目（りょうめ）と言いあらわしていたのかもしれないが、両目（りょうめ）と間違わないようにという説があり、一般的に計量関係では各商品の内容量（g、ml等）のことを量目（りょうもく）といっている。

商品量目は、特定商品の販売に係る規制全般を指し、内容量の許容誤差、販売者等の表記、表記方法が規定されている。

定義 特定商品の販売に関する政令

関連用語 量目公差（207ｐ）

■正味量表記商品

分類 商品量目

解説 平成５年改正前の旧計量法75条では、密封した場合に正味量等の表記が規定されていた対象商品を「正味量表記商品」と規定していた。内容量（正味量と同じ意）が表記された商品のことである。

現在の法13条に規定される特定商品を密封して販売するときには内容量等を表記しなければならないのと同様の規定であった。

定義 法13条、旧計量法75条

関連用語　密封商品（193 p）

■証明

分類　計量証明

解説　計量法では、「公に又は業務上、他人に一定の事実が真実である旨を表明すること」とされている。一定のものが一定の物象の状態の量を有するという事実（適正に計量した結果がこのような値）であることを表明（口頭又は書面で伝える）すること。

定義　法2条2項

関連用語　取引（150 p）

■省令単位

分類　計量単位

解説　繊度（糸の太さ）等、法2条1項2号において定められた物象の状態の量は、法的にその使用を規制すべきほど確立された単位が存在していないため、取引又は証明への使用及び計量器に対する規制の対象外である。なお単位の使用に際しては経済産業省令で単位及びその標準となる単位記号が定められていてこれらを「省令単位」といい、計量単位はこれらを使用するのが望ましい。

例：繊度（キログラム毎メートル（kg／m）・デニール（D）・テクス（tex））、比重等

定義　法2条1項2号、6条、8条1項、単位規則1条

■所在場所定期検査

分類　検定・検査

解説　定期検査の実施方法は、次の二通りがある。

1　集合検査：実施主体（計量行政機関）が指定（告示）した場所に受検者が対象となる特定計量器を運搬して検査を行う。

2　所在場所検査：実施主体（計量行政機関）が対象となる特定計量器の所在の場所へ出向いて検査を行う。

定期検査を実施する場所については、運搬が困難なとき、運搬することにより精度が落ちるおそれがあるとき、土地建物等に取り付けられているため取り外しが困難なとき等、検定検査規則の規定に該当する場合は、その特定計量器の所在の場所で受検できることが規定されている。

定義　検定検査規則39条１項

関連用語　定期検査（133ｐ）、集合場所検査（101ｐ）

■所在場所定期検査申請書

分類　検定・検査

解説　検定検査規則39条１項１号から４号に該当する場合は、この所在場所定期検査申請書を実施する都道府県知事又は特定市町村の長に提出することにより、特定計量器の所在する場所で定期検査を受けることができる。

定義　検定検査規則39条、様式13

関連用語　定期検査（133ｐ）

■審議会への諮問

分類　法規制

解説　諮問とは、有識者又は一定機関に、意見を求めることである。計量法では「計量行政審議会」が規定されていて経済産業大臣から意見を求められる。「計量行政審議会」はこれを受けて審議を行い、その結果を答申として経済産業大臣へ意見を述べる。

定義　法157条

関連用語　計量行政審議会（52ｐ）

■審査庁

分類 行政機関・行政事務

解説 行政処分を行った行政庁を処分庁といい、審査庁とはその処分庁の行った処分に対しての不服申立（審査請求）の審査を行う行政庁である。計量法では産業技術総合研究所、製品評価技術基盤機構、日本電気計器検定所、指定検定機関、特定計量証明認定機関、指定校正機関は実質的に行政庁の処分と同様の処分を行っているので、その処分に不服がある者は、経済産業大臣に対して審査請求ができるよう規定されている。また、指定定期検査機関・指定計量証明検査機関の行った処分について不服がある場合には当該機関を指定した都道府県知事・特定市町村長に対して審査請求ができる。

定義 法163条

■真実の値

分類 検定・検査

解説 基準器があらわす、又は標準物質に付された物象の状態の量の値（器差のある基準器は器差の補正を行った後の値）をいう。特定計量器の検定・検査等における合格条件に、計量器の器差が公差を超えないことが示されている。この器差は、計量値から真実の値を減じた値又は、真実の値に対する割合をいい、次の式で算出する。

器差：E　計量値：I　真実の値：Q　とすると

$$E = I - Q \quad 又は \quad \frac{I-Q}{Q} \times 100$$

で表される。

定義 検定検査規則16条

関連用語 器差（36ｐ）、公差（66ｐ）

■振動レベル計

分類 計量器

解説 振動レベル計は法２条４項で規定される特定計量器である。取引や証明における計量に使用されるものとして適正計量の実施を確保するため、その構造又は器差に係る基準を定める必要があると定められたもの。振動レベル計は振動加速度レベルに人間の鉛直方向における振動感覚補正を加えたもので、検定の有効期間は６年。

環境計量証明事業の登録区分で、振動加速度レベルに係る計量証明事業の登録において必要な設備基準となる。また、登録環境計量証明事業者は、登録を受けた日から振動レベル計については３年ごとに計量証明検査を受けなければならない。

検定主体は国立研究開発法人産業技術総合研究所又は指定検定機関。

定義 法２条４項、107条２号、116条、施行令２条16号、JIS C 1517（2014）

す

■水中・土壌中の物質

分類 計量証明

解説 計量証明事業を行おうとする者は事業区分に従い、登録する必要がある。濃度に関しては、水又は土壌中の物質の濃度に係わる事業区分がある。この区分で登録申請する者は必要な機器・機械・装置の設備を備えなければならない。

ここで、水中・土壌中の物質とは、水質汚染及び土壌汚染を引き起こす有害物質のことであり、カドミウム、鉛、クロム、水銀等の金属、ヒ素、ほう素等の無機化合物、ベンゼン、四塩化炭素等の有機化合物が含まれる。

定義 法107条、施行規則38条、別表4、水質汚濁防止法施行令、土壌汚染対策法

関連用語 特定計量証明事業（143ｐ）

■水道メーター

分類 計量器

解説 水道メーターは法2条4項で規定される特定計量器である。取引や証明における計量に使用されるものとして適正計量の実施を確保するため、その構造又は器差に係る基準を定める必要があると定められたもの。口径が350mm以下のものが対象で、有効期間は8年。

JIS化による技術基準の主な改正点は次の通り。

1　表記事項（流量、口径、精度等級）

2　検定公差が適用される流量域の変更と検査箇所の変更

3　電子化メーターに静電気等の妨害試験の追加

定義 法2条4項、施行令2条5号イ⑴、JIS B 8570－2（2013）

■スマートメーター

分類 計量器

解説 電力、ガス、水道等のエネルギー使用量を計測し、データを通信する機能を持つデジタル計器のこと。この計器によりエネルギー消費量をほぼオンタイムで知ることができる。エネルギー供給会社は、検針業務が不要になり、業務の効率化とコスト削減が可能となる。消費者は、消費量を知ることにより、自己管理でき、節電等が可能となる。検針不要なスマートメーターは電力自

由化に不可欠で、2025年頃までには全国の電力計が交換される予定である。将来的には、通信機能を使って、外から家庭の家電等を遠隔操作することも視野に入れている。ガス、水道についても検討はされているが、事業体により進捗状況は異なる。海外でもスマートメーターの導入が図られているが、消費量が明確になることに反発もあり、普及に時間がかかっている。

せ

■正確計量義務

分類 商品量目

解説 量目規制としては、不足側のみの量目公差が規定されており、過量については法的な規制はなく罰則の対象にはならない。しかしながら、法10条の「正確計量義務」は、特定商品以外の商品であっても正確に計量するように努めなければならないと規定されている。

では、量目超過はどのくらいまで許容されるのか？

計量行政機関ではガイドラインとしての指標を定めている。これによるとおおむね10％以上の量目超過は正確に計量していないと判断し、適正計量に向けた行政指導がなされる。

定義 法10条

■正規分布図

分類 商品量目

解説 次の式で表される曲線を正規分布曲線といい、このような分布を正規分布（図）という。

$$f(x) = \frac{1}{\sqrt{2\pi\sigma}} e^{-\frac{1}{2}\left(\frac{x-\mu}{\sigma}\right)^2} \quad (-\infty < x < \infty)$$

ここにx：連続変量　$f(x)$：確率密度関数　π：円周率

$\pi = 3.1416$

e：自然対数の底　$e=2.7183$　σ母標準偏差　μ：母平均

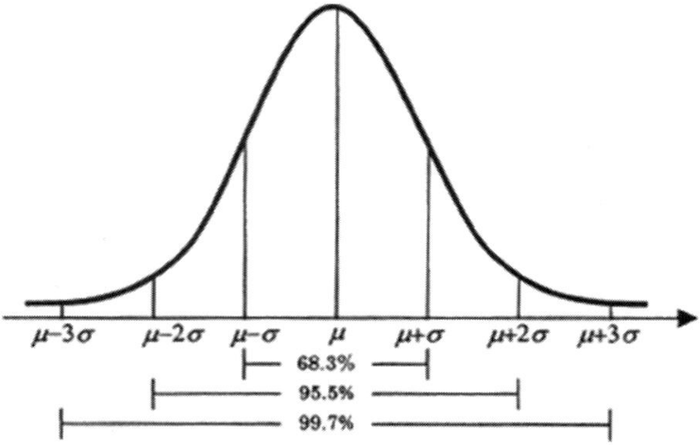

ある大量生産される製品について、母集団から一定の決めに応じて抜き取った製品の質量若しくは長さ等の寸法を計量していくと、当初、目標とした数値の周囲に釣り鐘状に正規分布（ガウス分布）することが分かっている。

計量回数が無限になればなるほど曲線の山は、限りなく母平均μに近づく。

定義　JIS Z 9041－1～4（1999）、9041－5（2003）

関連用語　平均値手法（183 p）

■製造と見なされる改造

分類　計量器の製造・修理・販売

解説　“製造と見なされる改造”とは、既存の壊れていない計量器、又は壊れている計量器について、元どおりの構造（性能を含む）に回復するのではなく、新たに構造を付加し、又はその構造の一部を除去することをいう。

製造と見なされる改造を行う場合は、特定計量器を製造する者として大臣に届出をしなければならない。

一方、類似した次の改造は、修理として見なされるため除外されている。

1　タクシーメーターの自動車への取り付け

2　皮革面積計に係る拡大指示機構又は送り速さ機構の改造

3　アネロイド型圧力計に係る目盛板、弾性受力部等の部分の改造

定義　法2条5項、40条、施行規則4条

関連用語　改造（30p）、修理（102p）

■生体内の圧力の計量

分類　計量単位

解説　血圧の計量単位は水銀柱ミリメートル（mmHg）が、特殊用途の法定計量単位として認められている。生体内の圧力の例としては、頭蓋内の圧力、眼球内の圧力、気道内の圧力がある。

平成25年9月30日を使用期限として法定計量単位とみなされていた水銀柱メートル等の6単位は、特殊の計量に用いる計量単位として単位令別表6に追加され、生体内の圧力の計量に用いる場合に限り、水銀柱メートル等を法定計量単位として恒久的に使用することが可能とされている。

定義　単位令5条、別表6、計量法附則第4条の計量単位等を定める政令（廃止：平成25年政令273号）

■精度等級

分類　検定・検査

解説　非自動はかりの精度等級は、「H級、M級、O級」（新法旧基

準）から「1級、2級、3級、4級」（新法新基準）へ変更された。

○精度等級の分類

精度等級	目　量（e）	目量の数　n=Max/e		最小測定量≦Min
		最小	最大	
1級	0.01g≦e	50,000	－	100e≦Min
2級	0.01g≦e≦0.05g	100	100,000	20e≦Min
	0.1g≦e	5,000	100,000	50e≦Min
3級	0.1g≦e≦2g	100	10,000	20e≦Min
	5g≦e	500	10,000	20e≦Min
4級	※　1g≦e	100	1,000	10e≦Min

※　精度等級4級の機械式はかりだけ、目量1g及び2gを可能とする。

定義　JIS B 7611－2（2015）

関連用語　非自動はかり（167p）

■製品評価技術基盤機構（NITE）

分類　組織名

解説　独立行政法人製品評価技術基盤機構（National Institute of Technology and Evaluation：略称NITE（ナイト））は1928年に輸出絹織物検査所として発足し、2001年からは独立行政法人として国際評価技術、バイオテクノロジー、化学物質管理、適合性認定、製品安全の各分野における安全・信頼性・安心等を確保、維持していくための評価基準の開発、技術価値に関する情報・資料の創出・管理・公開を行っている。具体的には生物遺伝資源の収集・保存・提供、化学物質のリスク評価、製品事故の情報収集・

原因究明等を行っていると同時に、法律、国際的な取り決め等に基づく評価・認定を行っている。計量に関しては、機構内の認定センター（International Accreditation Japan：略称IAJapan）が計量法校正事業者登録制度（Japan Calibration Service System：略称JCSS）、計量法特定計量証明事業者認定制度（Specified Measurement Laboratory Accreditation program：略称MLAP（エムラップ））、製品評価技術基盤機構認定制度（Accreditation System of National Institute of Technology and Evaluation：略称ASNITE）の三つの認定制度を運営している。その他として、工業標準化法試験事業者登録制度（Japan National Laboratory Accreditation：略称JNLA）で試験事業者の登録・認定を行っている。

■政令指定商品（特殊容器）

分類　法規制

解説　特殊容器に商品を定められた高さまで満たしてその体積を示して販売できるが、特殊容器を使用することができる商品は政令に規定され限定されている。この商品を政令指定商品という。

従前、特殊容器の使用に係る政令指定商品は、牛乳（脱脂乳を除く）、ビール、清酒等18種類が指定されていた。平成29年６月政令改正により、酒類（新たに発泡酒、第三のビールを対象）を酒税法の定義にあわせて１種類に統合したため、政令指定商品は12種類になった。

定義　法17条、施行令８条

■政令指定都市

分類　行政機関・行政事務

解説　市の人口が50万人以上で、政令指定（地方自治法）された都市のこと。平成29年現在で20都市が政令指定されている。

政令指定都市になると計量法で規定される立入検査や定期検査等の計量事務を行うこととなる。

また、市の人口が20万人以上で政令指定（地方自治法）されると中核市となり、この場合も政令指定都市と同様に計量事務を行うこととなる。

平成29年現在、48市が中核市として政令指定されている。

なお、地方自治法の一部を改正する法律（平成26年法律第42号）により特例市制度は廃止され、政令指定されていた特例市は「施行時特例市」と名称変更されたが、従前どおり計量事務を行っている。

定義　地方自治法252条の19、252条の22

地方自治法の一部を改正する法律（平成26年法律第42号）附則２条

関連用語　特定市（145ｐ）

■世界貿易機関　⇒　WTO（129ｐ）

■積算体積計

分類　計量器

解説　積算体積計は法２条４項で規定される特定計量器である。取引や証明における計量に使用されるもので、適正な計量の実施を確保するため、その構造又は器差に係る基準を定める必要があるとされたもの。体積計のうち、次に掲げる特定計量器が該当する。

○積算体積計の種類と有効期間の一覧

積算体積計の種類	有効期間
①　水道メーター（口径350mm以下のもの）	８年

② 温水メーター（口径40mm以下のもの）	8年
③ 燃料油メーター（揮発油、灯油、軽油又は重油の体積の計量に使用するもので口径50mm以下のもの（50L以上の定体積の燃料油の給油以外に使用できないものを除く）	給油所に設置するもの：7年 それ以外のもの：5年 使用最大流量1L／Min以下のもの：無し
④ 液化石油ガスメーター（口径40mm以下のもの）	4年
⑤ ガスメーター（口径250mm以下のもの）実測湿式メーターを除く	10年 （7年）
⑥ 排ガス積算体積計	無
⑦ 排水積算体積計	無

定義 法2条4項、施行令2条5号

■積算熱量計

分類 計量器

解説 積算熱量計は法2条4項で規定される特定計量器である。取引や証明における計量に使用されるものとして適正な計量の実施を確保するため、その構造又は器差に係る基準を定める必要があるとされたもの。対象となる積算熱量計は、口径が40mm以下のもので有効期間は8年。主にビル空調など熱交換器で消費した熱量を計量する特定計量器である。

検定主体は、都道府県知事、日本電気計器検定所又は指定検定機関。

積算熱量計の検出部と構造上一体なった表示機構を有するもの

でなければならないとされ、表示機構が検出部と近接しているとみなし得る範囲は、検出部が設置されている建物と同一建物内であること。

定義 法２条４項、施行令２条10号

■絶対圧力

分類 計量器

解説 圧力において、基点を絶対真空圧力（０Mpa：メガパスカル）とした計量値を「絶対圧力」いう。また、大気圧力を０MPaとした計量値が大気圧力より大きいときは「ゲージ圧力」といい、天気予報（hPa：ヘクトパスカル）・タイヤの圧力の計量値に使用されている。

定義 施行令２条８号イ

■接頭語

分類 計量単位

解説 計量値が小さすぎたり、大きすぎると、数値の表示桁数が多くなり計量値の判断に時間を要したり誤認する場合がある。計られた数値を0.1〜1,000程度におさめるため、十進の倍量・分量単位を作るときの用語を接頭語と呼び、キロ（10^3）、メガ（10^6）、ギガ（10^9）などがある。SI接頭語とも呼ばれ、国際単位系（SI）として単一記号で表記するSI単位の前につけられる接頭辞である。

■CERI（セリ） ⇒ 一般財団法人化学物質評価研究機構 （12ｐ）

■全般検査

分類　行政機関・行政事務

解説　指定製造事業者に対する立入検査には、“全般検査”と“部分検査”がある。このうち全般検査は、指定から3年ごとに行う定期的な検査で、指定製造事業者が行わなければならない“品質管理”に定められた20項目の全項目について行う。

この権限は、経済産業大臣と都道府県知事にある。通常は知事が行うものとされている。

この立入検査とは別に、苦情があったとき、工場の移転、事業承継、品質管理の大幅な変更、改善命令に対する報告がされたときで確認が必要な場合、報告書に疑義が有る場合などに立入検査が行われる。

そ

■騒音計

分類　計量器

解説　騒音計は法2条4項で規定される特定計量器である。取引や証明における計量に使用されるものとして適正な計量の実施を確保するため、その構造又は器差に係る基準を定める必要があるとされたもので、有効期間は5年。

環境計量証明事業の登録区分で音圧レベルに係る計量証明事業の登録において必要な設備基準となる。また、登録環境計量証明事業者は、登録を受けた日から騒音計については3年ごとに計量証明検査を受けなければならない。

検定主体は、国立研究開発法人産業技術総合研究所又は指定検定機関。

定義　法2条4項、施行令2条15号、JIS C 1516（2014）

■相互承認

分類 国際化対応

解説 相互承認とは、一般的には互いに相手の能力を認め、受け入れることを意味するが、特に他国の適合性評価機関や規制当局の間で行われることが多い。従来、試験・校正・製品・管理等に関し、その国のルールを適用し、他国のルールを認めないのが通常であったが、貿易の自由化が進んだ現在、二重試験等不都合なことが多くなった。そのため、ルールをできるだけ共通化し、それに基づいて運営されている規制・評価機関を互いに認め、作成された試験・検査報告書等を受け入れるために、MRA、MAA等の相互承認協定を結ぶことが行われるようになった。協定は二国間の場合もあれば、多国間の場合もあり、任意の場合も強制の場合もある。

関連用語 MRA（18ｐ）、MAA（18ｐ）

■装置検査

分類 検定・検査

解説 車両その他の機械器具に装置して使用される特定計量器であって政令で定める「車両等装置用計量器」を装置された状態で行う検査をいう。現行の政令では、「タクシーメーター」のみが対象となっている。

・検査に合格すると「装置検査証印」が付され、取引・証明に使用できる。

・検査の周期は、１年ごと。

・検査の主体は、都道府県知事、産業技術総合研究所

・日本全国のタクシーの装置検査数は、約29万台

定義 法16条３項、75条、施行令７条、20条、21条

さ行

計量トリビア7　マラソンの距離（42.195km）はどのようにして決まったの？

近代オリンピックの第1回アテネ大会では、紀元前490年にギリシャ軍の兵士が戦場のマラトンからアテネまでの距離約40kmを走り、勝利の報告をした後、絶命したという故事に由来した距離で行われました。

その後、第2回大会から第7回大会までは約40km（26マイル）前後で行われた後、第8回大会パリ大会から現在の42.195kmになりました。

そのきっかけは、第4回ロンドン大会でイギリスの王女アレキサンドラがスタート地点を宮殿の中庭とし、ゴールをあらかじめ決められていた地点から競技場のロイヤルボックスの前に移動させたため、当初の距離の26マイルに385ヤードが加算され、その距離をメートルに換算すると42.195kmになったことでした。

そして、このロンドン大会では「ドランドの悲劇」と呼ばれる事が起こりました。それはイタリア代表のドランド選手がゴール直前で倒れ、役員に担がれてゴールしたため失格となったのです。ドランド選手は失格にはなったものの、多くの人に感動を与えたことを称えるため、この大会の距離が後のパリ大会から公式の距離となりました。

計量トリビア8　1メートルはどのようにして決まったの？

フランス革命（18世紀）以前の東洋も含めた世界各国では、さまざまな単位が使用されており、その違いから交易等でトラブルが生じていました。

そこで、1790年に外交官のタレーランが提案して、フランス議会で「メートル法」を制定する案が議決され、各国に呼び掛けてパリで委員会が開かれ、その中で、メートルの基準を決める際の3つの案が提案検討されました。

①　子午線の長さで北極から赤道までの距離の1,000万分の1

② 北緯45度の地点で１秒間の周期になる振り子の紐の長さにする
③ 赤道の長さの4,000万分の１

③が不採用になった理由は、赤道上にはジャングルも多く海も多いことから測量が難しいため。

②はイギリスが提案したもので、振り子説は簡単で良さそうでしたが、温度差や１秒の基準の精度維持が難しいことで不採用になり、結局①の「子午線の長さで北極から赤道までの距離の1,000万分の１」が採用されました。

また、あわせて、質量の単位は純水の最大密度における単位体積の質量とすることとされ、すべての単位で10進法を採用する予定でしたが、時間だけは60進法になりました。

その結果、フランスとイギリスで測量作業が開始されることになりましたが、イギリスが提案した②案が否決されたため、フランスが単独で行うことになりました。フランスの北の端のダンケルクからパリを通ってスペイン領のバルセロナまで子午線上、約1,000km以上の直線距離を三角測量法で測量し、子午線の長さを割り出しました。

当時はフランス革命のために困難を極め、大変な測量作業で約６年間を要し1799年11月に終了しました。

測定の結果に基づき、白金とイリジウムの合金製の長さと質量の原器が造られ、古文書保存所（アルシーブ）に納められたので、アルシーブ原器といわれています。

しかし、苦難の末１メートルの基準を決めても、フランス国内でもメートル法の普及は思うように進まず、１本化されたのは40年後のことでした。

1867年のパリ万博で各国の学者団体に働き掛け、1870年に24カ国が出席してメートル条約の準備会議で国際統一に関する決議を行い、さらに本格的に国際統一されたのは1875年５月20日に17カ国の代表がパリに集まり、メートル条約が締結された時です。

た

■ダイオキシン類

分類 計量証明

解説 ダイオキシン類対策特別措置法に規定するダイオキシン類とは、ポリ塩化ジベンゾフラン（PCDF）、ポリ塩化ジベンゾ－パラ－ジオキシン（PCDD：一般的に「ダイオキシン」と呼ばれることも多いが、正確な呼び方ではない）、コプラナーポリ塩化ビフェニル（ダイオキシン類特有の毒性を有するPCB）のことをいう。いずれも廃棄物焼却炉や電気炉等で生成し、大気中あるいは水中に排出される公害成分である。PCBは電気器具内の絶縁材として多く用いられ、その廃棄が社会問題となっている。いずれも極微量で発ガン性を有し、ホルモン異常（催奇性）を引き起こす有害な物質とされていて、測定が難しい。特定計量証明の対象となる汚染物質である。

定義 ダイオキシン類対策特別措置法２条

■体温計

分類 計量器

解説 体温計は法２条４項で規定される特定計量器である。取引や証明における計量に使用されるもので、適正な計量の実施を確保するためにその構造又は器差に係る基準を定める必要があるとされたもので、ガラス製体温計と抵抗体温計がある。特定計量器の中でも、体温計と血圧計は人命に深い関わりがあるので、これらの特定計量器は、市場へ供給する前に検定証印又は基準適合証印が付されているものでなければ、譲渡できないことになっている。

ただし、輸出のためあらかじめ都道府県知事に届け出たときは、検定証印等が付されていないものも取り扱うことができる。

なお、これらに違反したものは、1年以下の懲役若しくは100万円以下の罰金又はこれらが併科される。また、両罰規定がある。

定義 法2条4項、57条、施行令2条3号イ⑵、ロ、JIS T 4206（2014）、JIS T 1140（2014）

■大気圧力

分類 計量器

解説 地表付近の気圧で101,300Paは、通常100倍を表す記号h（ヘクト）を用いて、1,013hPa（ヘクトパスカル）と表し、この1,013hPaを大気圧力（1気圧）といい、天気予報の気圧表示に使用されている。通常の圧力計は大気中で使用されているためこの「大気圧力」を基点に0MPaとして計量値が測れるようになっている。

■代検査

分類 検定・検査

解説 法25条に規定されている「定期検査に代わる計量士による検査」を通称「代検査」と称している。また「計量証明検査に代わる計量士による検査」も同様に「代検査」と称している。

行政機関が行う定期検査の前の定められた期間内に代検査を行い、計量士が発行する合格証明書とともに「定期検査に代わる計量士による検査を行った旨の届出書」を管轄する計量行政機関に提出することで公的機関が実施する定期検査が免除される。免除されるのは合格した計量器のみである。

なお、代検査を行う計量士は、代検査を実施する管轄区域の計量行政機関にあらかじめ届出を提出する必要がある。

定義 法25条、120条

関連用語 定期検査に代わる計量士による検査を行った旨の届出書（133ｐ）

■代理人

分類 届出・手続

解説 代理人とは、「法令等で定められた、手続を行うべき行為者に代わって、その手続を行う者」のこと。通常は、代理人届け、委任状等により署名捺印し行う。

計量法においては、届出事項が各種あるため、代理人による届出がされる場合も多い。

主な例としては、基準器検査申請書がある。特定計量器の製造、修理事業等を行う場合には、基準器を保有することが条件であるが、事業を行おうとする者と基準器購入、基準器検査申請を契約したことを証する書類があれば、規定の手続を進めることができると解釈されている。このため、事業を申請する者に代わり、基準器の製造者が代理人となって基準器検査を申請することが多い。

■タクシーメーター

分類 計量器

解説 タクシーメーターは、法２条４項で規定する特定計量器である。取引や証明における計量に使用されるもので適正な計量の実施を確保するため、その構造又は器差に係る基準を定める必要があるとされ、一般乗用旅客自動車運送事業に用いる自動車に取り付けられる回転尺のこと。

○タクシーメーターのJIS化にあたっての主な改正点は次の通り。

1　頭部検査の廃止（過剰規制の排除に対応）

2　簡易修理の範囲、料金改定時の装置検査の廃止（受検者への負担軽減）

3　技術進歩等の環境変化に柔軟に対応できるメーター基準の制定（新技術基準によるタクシーメーターの管理、行政機関の事業者への立入検査等）

4　合格条件（頭部封印の削除）

5　検定証印を付する部分

6　表記事項、性能、装置検査方法（運賃表示の義務付け）

検定（装置検査）の主体は、その特定計量器の所在地を管轄する都道府県知事で、装置検査の有効期間は１年。

定義　法２条４項、75条、施行令２条１号、JIS D 5609（2014）

関連用語　装置検査（122ｐ）、割増料金機構（211ｐ）

■立入検査

分類　行政機関・行政事務

解説　法148条では「経済産業大臣又は都道府県知事若しくは特定市町村の長等は、この法律の施行に必要な限度において、その職員に物件を検査させ、又は関係者に質問させることができる」と規定されている。

立入検査は、計量法で義務付けされていることを各事業者が履行しているかどうかを行政機関が確認するものである。

具体的な検査内容としては、有効期限が規定されている特定計量器がその有効期限内で使用されているか、その器差が使用公差以内であるか、特定商品であれば量目公差以内であるか等を検査する。

不合格や不適正があった場合は改善するよう行政指導され、改善されない場合は勧告、公表、命令、罰則等の規定がある。

立入検査の対象者は、特定計量器の製造・修理・販売事業者、特定計量器の使用者（取引証明に使用している者）、特定商品を製造・販売する者、指定・登録事業者等が対象となる。

なお、この権限は犯罪捜査のために認められたものと解釈してはならないと規定されている。

定義 法148条

関連用語 違反勧告（13ｐ）

■WTO

分類 組織名

解説 ＷＴＯ（World Trade Organization：世界貿易機関）は世界で自由な貿易が行われることを目的に創立された国際機関である。第二次世界大戦後、関税及び貿易に関するルールを作ろうとGATT（General Agreement on Tariffs and Trade：関税及び貿易に関する一般協定（ガット））暫定条約が結ばれたが、1995年にWTO（World Trade Organization）協定に移行し、国際貿易機関として設立され、活動を始めた。WTOでは、非関税障壁についてもTBT（Technical Barriers to Trade：貿易の技術的障害）協定が結ばれ、関税以外の各国間の規制、規格、適合性評価手続（認定、認証制度）の違いの最小化、相互受け入れを促進している。

■多目量はかり

分類 計量器

解説 多目量はかりとは、ゼロからひょう量までの質量の範囲が異なる目量を有するそれぞれの部分が計量範囲に分割された非自動はかりのこと。

1　部分計量範囲の各目量は、部分計量範囲の最大能力が低い側の目量が部分計量範囲の最大能力が高い側の目量を超えられないとされている。

2 各部分計量範囲は、同一の精度等級でなければならない。

定義 JIS B 7611－2（2015）

関連用語 複目量はかり（177 p）、目量（196 p）

■単位記号

分類 計量単位

解説 計量法において使用する単位及びその記号については、国際度量衡総会の決議及び慣習を基に単位規則で定められている。

現在の単位に関する国際規格は、ISO80000－1～ISO80000－12までに、基盤技術分野（一般、時間、力学、熱力学、電磁気、光、音、物理化学等）の専門分野ごとに制定されており、国内では、これをJIS Z 8000シリーズとしてJIS化している。

このJIS規格は、国際的に共通する量と単位概念を用いて科学的、学術分野・産業分野・社会分野を超えて統一的な記述方法とその解釈に基づいて利用されることができる。計量計測技術に使用することで、一層の国際競争力の確保が期待される。

単位記号は、常にローマン体（直立体）で書き、英大文字、小文字（上下添字）には厳格な使用方法が決められている。また、計測した数値の後に付ける単位記号との間にはスペースを空ける。など実際の表記方法には、十分な注意が必要である。

定義 単位規則別表2

■タンクローリー

分類 計量器

解説 タンクローリーで使用する量器用尺は、法２条４項で規定される特定計量器である。取引や証明における計量に使用されるもので適正な計量の実施を確保するため、その構造又は器差に係る基準を定める必要があるとされたもので、一般的にはガソリンスタンド等でタンクローリーの各油槽の燃料油の計量に使用する。

ガソリンスタンドの施工基準では、舗装勾配が１／60（0.95度）を基準として施工されているが、タンクローリーの停車場は特に勾配を強くしないこととされている。

量器用尺の施設位置は、左右方向については各油槽の中央に、前後方向については中央付近に位置しており、傾斜による影響を受けにくい設計になっている。

定義 法２条４項、施行令２条５号ロ、JIS B 8573（2011）

関連用語 量器用尺付タンク（206ｐ）

ち

■地方計量行政機関

分類 行政機関・行政事務

解説 地方計量行政機関とは、都道府県の計量事務を担当している部署（計量検定所等）と特定市（施行令別表１）の計量事務を担当している部署（計量検査所等）のことである。それぞれが処理する事務、事務の区分、権限の委任が規定されている。

定義 法168条の８、169条、施行令41条～44条

■聴聞

分類 法規制

解説 聴聞とは一般に、行政機関がある種の行政行為を行うにあたって、その行為が必要であるかどうか、妥当であるかどうかを判断するため、行為の相手方、利害関係人等の意見を聴くためにする手続をいう。

経済産業大臣又は都道府県知事は、計量士又は計量証明事業者の登録を取り消し、事業の停止を命ずるときは、行政手続法第13条1項（不利益処分をしようとする場合の手続）の規定による意見陳述のための手続区分に関わらず、聴聞を行わなければならない。

また、経済産業大臣又は都道府県知事若しくは特定市町村の長は、処分を行う場合は公開による聴聞を行わなければならない。

定義 法162条

つ

■漬物（農産物漬物）

分類 商品量目

解説 漬物の計量方法は、水分（漬け汁）や漬け方（粕漬け、みそ漬け等）の取扱いにより、その計量結果が大きく変わってしまうため、ある一定の計量方法が決められている。

農産物漬物の計量方法については、「農産物漬物に関する計量適正化協議会」（昭和51年）において、ぬか漬け、しょうゆ漬け等さまざまな漬け方に対応した計量方法が決定されている。

漬物のうちらっきょう漬け及び小切り又は細刻したものは、法13条の特定商品となるので、密封して販売するときは内容量の表記等が必要となる。

定義　特定商品の販売に関する政令

関連用語　特定商品（145ｐ）

て

■定期検査

分類　検定・検査

解説　特定計量器のうち、その構造、使用条件、使用状況からみて、その性能及び器差に係る検査を定期的に行うことが適当であると認められるものを政令指定している。

政令指定されている特定計量器は、非自動はかり、分銅及びおもり、皮革面積計であり、定期検査を実施する時期は非自動はかり、分銅及びおもりが２年に１回、皮革面積計は１年に１回と規定されている。

この政令指定された特定計量器を取引証明に使用する者は、その所在地を管轄する特定市町村の長や都道府県知事が行う定期検査を受検する義務がある。

定義　法19条、施行令10条、11条

関連用語　特定計量器（139ｐ）

■定期検査に代わる計量士による検査を行った旨の届出書

分類　検定・検査

解説　定期検査に代わる計量士による検査を、通称「代検査」と称している。

定期検査の実施は、地方計量行政機関あるいは指定定期検査機関が行う。この公的機関に代わって計量士が検査を行い、使用者に合格した証明書を発行する。使用者はこの証明書を添付した「定期検査に代わる計量士による検査を行った旨の届出書」を計量行政機関に提出することで、その年の定期検査が免除される。

また、当然ながら合格した計量器だけが免除される。

計量証明検査に代わる計量士による検査も同様に「代検査」と称している。

なお、代検査を行う計量士は、代検査を実施する管轄区域の計量行政機関にあらかじめ届出を提出する必要がある。

定義 検定検査規則様式16

関連用語 代検査（126ｐ）

■抵抗体温計

分類 計量器

解説 抵抗体温計は法２条４項で規定される特定計量器である。取引や証明における計量に使用されるもので適正な計量の実施を確保するため、その構造又は器差に係る基準を定める必要があるとされたもの。

特定計量器の中でも、ガラス製体温計、抵抗体温計と血圧計は人命に深い関わりがあるため、これらの特定計量器は、市場へ供給する前に検定証印又は基準適合証印が付されているものでなければ、譲渡できないことになっている。

ただし、輸出のためあらかじめ都道府県知事に届け出たときは、検定証印等が付されていないものも取り扱うことができる。

なお、これらに違反したものは、１年以下の懲役若しくは100万円以下の罰金又はこれらが併科される。また、両罰規定がある。

定義 法２条４項、57条、施行令２条３号ロ、JIS T 1140（2014）

■定置燃料油メーター

分類 計量器

解説 定置燃料油メーター法2条4項で規定される特定計量器である。取引や証明における計量に使用されるもので適正な計量の実施を確保するため、その構造又は器差に係る基準を定める必要があるとされたもの。

燃料油メーターのうち、自動車等給油メーター、小型車燃料油メーター、大型車燃料油メーター、簡易燃料油メーター、微流量燃料油メーター以外の燃料油メーターを「定置燃料油メーター」という。一例として燃料商では、大型車燃料油メーターと異なり地面に固定して、灯油、軽油及び重油を計量販売に使用する。

定義 法2条4項、施行令2条5号イ(3)、JIS B 8573（2011）

■適正計量管理事業所

分類 適正計量管理

解説 自主的な計量管理の推進を図る施策として、この適正計量管理事業所の指定制度が規定されている。特定計量器の定期検査の免除や各事業所の実態に合わせた自主的な計量管理を推進し、法の目的である適正な計量の実施の確保を目指している。

法127条では「特定計量器を使用する事業所であって、適正な計量管理を行う者について、適正計量管理事業所の指定を行う」と規定されている。この指定は、国（経済産業大臣の指定）と都道府県知事の指定があり、事業所の所在地を管轄する都道府県知事に指定申請をする（その所在地が特定市町村の区域にある場合は特定市町村を経由する）。指定された事業所は、計量管理の方法に関する事項を「計量管理規程」として制定し、帳簿を備え、当該事業所において使用する特定計量器について、計量士が行った検査の結果を記録し、これを保存しなければならない。

また、規定された年度報告を都道府県知事に提出しなければならない。

なお、公的機関が実施する定期検査は、当該事業所の計量士が行う検査により免除される。

略称、適管（てきかん）と称しているが、旧法では「計量器使用事業場」と称されていた。

定義 法127条、施行規則73条

関連用語 計量管理（48ｐ）、計量管理規程（49ｐ）

■電力量計

分類 計量器

解説 電力量計は、法２条４項で規定される特定計量器であり、取引や証明における計量に使用されるものとして適正な計量の実施を確保するため、その構造又は器差に係る基準を定める必要があるとされたもの。

電力計は、使用した電気エネルギーを計量するもので、電気料金の算出の基本となるもの。その精度により３種類に分けられ、最も精度が高い特別精密電力計、精度が高い精密電力量計、一般の取引に使用する普通電力量計である。

○電力量計の分類

契約最大電力	使用する電力量計
10,000kW以上	特別精密電力量計
500kW以上10,000kW未満	精密電力量計
500kW未満	普通電力量計

電力量計は、単独で変成器と組み合わされることがあるが、最大需要電力計と無効電力量計は、必ず電力計とともに使用され、

変成器に接続される。

○電力量計の有効期間

電力量計	有効期間
イ　定格電圧が300ボルト以下の電力量計（変成器とともに使用されるもの及びロ（2）を除く）	10年
ロ　定格電圧が300ボルト以下の電力量計のうち、以下のもの (1)　定格一次電流120アンペア以下の変成器とともに使用されるもの（定格一次電流が300ボルトを超える変圧器とともに使用されるものを除く） (2)　定格電流が20アンペア又は60アンペアのもの（電子式のものを除く） (3)　電子式のもの（イ及び（1）を除く）	7年
ハ　イ又はロに掲げるもの以外のもの	5年

定義　法2条4項、施行令2条12号、JIS C 1211－2（2017）

と

■同定

分類　計量証明

解説　分析化学での用語。探し出したものが何であるかを明らかにすること。具体的には、試料から分離した成分の名前や種類を決定することである。通常は標準物質と比較し、物理的及び化学的性質が同一であることから、目的成分であることを確認する。ダイオキシン類の測定時に、多くの共存成分の中から、微量の目的成分を同定することは重要なプロセスである。

■登録免許税

分類 法規制

解説 登記、登録、特許、免許、許可、認可、指定・技能証明について登記などを受ける場合に課される税。

計量士は国家資格で経済産業大臣への登録制であるため、計量士登録の際に課税される。登録免許税法別表１（32項23号、114項１号、同項２号）において、計量法143条１項（登録）の計量器の校正等に係る事業者の登録（更新の登録を除く）、計量法121条の２（認定）の認定特定計量証明事業者の認定（更新の認定を除く）等が定められている。

定義 登録免許税法別表１

■特殊容器

分類 計量器

解説 液体の体積を計量せずに、ある高さまで液体を満たすことで正しい量が確保されるように製造された透明又は半透明の容器。

通称「丸（まる）しょうびん」と呼ばれている。

特殊容器の使用が認められている商品、特殊容器の形状、材質等の性能に係る技術基準、表示すべきマーク等が、JIS S 2350 (2015)「容量表示付きガラス製びん（壜)」に具体的に規定されている。

特殊容器の製造者の指定は、都道府県知事が工場又は事業場ごとに行う（指定製造者という)。また、外国の製造者は、経済産業大臣が指定を行う（指定外国製造者という)。

定義 法16条１項、17条、60条、63条、施行令８条、施行規則４章、JIS S 2350（2015）

関連用語 指定外国製造者（93ｐ）

■特殊用途の計量単位

分類 計量単位

解説 非SI単位ではあるが、特定の分野で国内外において慣例的に広く用いられている計量単位で、特殊の計量に用いる「長さ、質量、角度、面積、体積、速さ、加速度、圧力、熱量」の計量単位についても、特定の使用分野に限って、法定計量単位として定めている。

したがって、定められた用途以外では非法定計量単位となる。例えば、真珠の質量を計るための「もんめ」は、真珠の質量以外の取引又は証明の用途に使用することはできない。

○物象の状態の量の特殊の計量と計量単位標準となるべき記号

（例）

長さ：海里（M又はnm）・オングストローム（Å）、質量：カラット（ct）・もんめ（mom）、面積：アール（a）・ヘクタール（ha）、速さ（航海又は航空に係る速さ）：ノット（kt）

定義 法５条２項、単位令５条、別表６、単位規則２条、別表４

関連用語 非SI単位（166ｐ）

■特定計量器

分類 計量器

解説 特定計量器とは、法２条４項において計量器のうち、取引や証明における計量に使用される蓋然性が高いもの、又は主として一般消費者の生活の用に供される計量器（例えば体温計や血圧計など）について、適正な計量の実施を確保するため、その構造又は器差に係る基準を定める必要があるとされた計量器で、18種類が規定されている。

特定計量器に関わる規定については、以下のものがある。

1　非法定計量単位による目盛等を付した計量器（法９条）

2　計量器等の使用の制限（法16条）
3　計量器等の使用方法等の制限（法18条）
4　定期検査（法19条）
5　製造事業の届出（法40条）
6　修理事業の届出（法46条）
7　販売事業の届出（法51条）
8　特別な計量器の製造における基準適合義務（法53条）
9　譲渡等の制限（法57条）
10　検定の申請（法70条）
11　製造事業者に係る型式の承認（法76条）
12　指定検定機関（法106条）
13　計量証明検査（法116条）
14　計量器の校正等（法134条）
15　特定標準以外の計量器の校正等（法143条）
16　立入検査（法148条）
17　計量器等の提出（法149条）
18　検定証印の除去（法151条）
19　合番号の除去（法152条）
20　装置検査証印の除去（法153条）
21　立入検査によらない検定証印等の除去（法154条）

定義　法2条4項、施行令2条

関連用語　特定計量器検定検査規則（140ｐ）

■特定計量器検定検査規則

分類　法令・規格・規程名

解説　平成5年10月26日に通商産業省令第70号として制定された特定計量器検定検査規則は、国際法定計量機構（OIML）の勧告を基本として制定された。

しかし、今日の社会や経済のグローバル化に伴い、国際的に事業展開をしたり、輸出入の事業を行う者にとって、関係各国の計量に関わる技術基準をはじめとする規制水準の違いが事業展開上大きな制約となり、ひいては自由な交易が阻害されることにつながる状況となった。

そこで、特定計量器技術基準の国際整合性を図るため、まずは、平成12年8月9日通商産業省令147号（特定計量器検定検査規則の一部を改正する省令）で非自動はかりについて国際勧告に整合した技術基準に改正した。

その後、平成12年度から14年度にかけてJIS化の向けての検討が行われ、平成17年から平成27年にかけて、検定検査規則の改正を行い、順次対象機種を追加して特定計量器の技術基準である検定検査規則のJIS規格引用を図ってきた。

検定検査規則とJIS規格の引用についての基本的考え方は次の通り。

1　特定計量器検定検査規則の条文のうち各機種に共通する第1章総則、器差検定の方法を除き、原則として可能な限りJIS規格を引用するよう盛り込む。

2　国際規格との整合化、技術革新や社会ニーズ等の現状を踏まえた内容とする。

○特定計量器等JIS規格一覧表

特定計量器、機種名等	日本工業規格（JIS規格名）
タクシーメーター	JIS D 5609（2014）
非自動はかり	JIS B 7611－2（2015）
分銅おもり等	JIS B 7611－3（2015）
ガラス製温度計	JIS B 7411－2（2014）

ガラス製体温計	JIS T 4206（2014）
抵抗体温計	JIS T 1140（2014）
皮革面積計	JIS B 7614（2010）
水道メーター・温水メーター	JIS B 8570－２（2013）
自動車等給油メーター	JIS B 8572－１（2008）
小型車載燃料油メーター	JIS B 8572－２（2011）
大型車載燃料油メーター	JIS B 8572－４（2014）
簡易燃料油メーター	JIS B 8572－４（2014）
微流量燃料油メーター	JIS B 8572－３（2011）
定置燃料油メーター	JIS B 8572－４（2014）
液化石油ガスメーター	JIS B 8574（2013）
ガスメーター	JIS B 8571（2015）
量器用尺付タンク	JIS B 8573（2011）
密度浮ひょう（耐圧以外のもの）	JIS B 7525－１（2013）
液化石油ガス用耐圧密度浮ひょう	JIS B 7525－２（2013）
鉄道車両用圧力計	JIS E 4118（2015）
アネロイド型圧力計	JIS B 7505－２（2015）
電気式アネロイド型血圧計	JIS T 1115（2005）
機械式アネロイド型血圧計	JIS T 4203（2012）
積算熱量計	JIS B 7550（2014）
最大需要電力量計	JIS C 1283－２（2017）
普通電力量計	JIS C 1211－２（2017）等
無効電力量計	JIS C 1263－２（2017）等
照度計	JIS C 1609－２（2008）

騒音計	JIS C 1516（2014）
振動レベル計	JIS C 1517（2014）
ジルコニア式酸素濃度計等	JIS B 7959（2015）
ガラス電極式水素イオン濃度検出器	JIS B 7960－1（2015）
ガラス電極式水素イオン濃度指示計	JIS B 7960－2（2015）
酒精度浮ひょう	JIS B 7548（2009）
浮ひょう型比重計	JIS B 7525－3（2013）
家庭用計量器	JIS B 7613（2015）
特殊容器	JIS S 2350（2015）

定義 法２条４項、施行令２条

関連用語 特定計量器（139ｐ）

■特定計量器（質量計）販売事業者の遵守事項

分類 計量器の製造・修理・販売

解説 特定計量器（質量計）を販売する事業者には、販売事業の届出の他に、質量計について検定証印、定期検査受検義務等の計量法の規制、はかりの構造について必要な知識・技能の習得に努めることや、質量計購入者に対し、取扱い方法の説明義務が遵守事項として課せられている。

遵守事項を守らない場合、勧告、公表、措置命令が出され、命令に違反した場合には罰則が科せられる。

定義 法52条、施行規則19条

■特定計量証明事業

分類 計量証明

解説 環境計量証明事業において極微量濃度に対応した事業区分の

ことで、NOxやCO等の濃度計量より、さらに極微量（ppq、ppt）で環境中の毒性の高い物質であるダイオキシン類の分析・計量証明を行う事業。

大気、水又は土壌中のダイオキシン類について極微量分析の環境計量証明事業を行おうとするものは、まず経済産業大臣が指定する特定計量証明認定機関により分析技術能力等の認定を受け、都道府県知事への登録をした上で、環境計量証明事業を行う。

1　認定区分

(1)　大気中のダイオキシン類

(2)　水又は土壌中のダイオキシン類

(3)　大気中のクロルデン、DDT、ヘプタクロル

(4)　水又は土壌中のクロルデン、DDT、ヘプタクロル

2　認定基準

次の3項目について、認定基準は（ISO／IEC 17025）に準拠する。

(1)　管理組織についての基準

(2)　技術的能力についての基準

(3)　業務の実施の方法についての基準

3　認定機関

経済産業大臣の指定を受けている認定機関は製品評価技術基盤機構（NITE）となる。

4　認定の有効期間

特定計量証明事業者の認定には、認定の有効期間が定められていて、3年ごと認定の更新の手続を行わなければ認定は失効する。

5　特定濃度区分の登録について

計量管理者の要件として、環境計量士（濃度関係）であって、対象物の濃度に関する実務に1年以上従事又はこれと同等

以上と経済産業大臣が認めた者が要件となる。

定義 法121条の２～10

■特定計量証明事業者認定制度 ⇒ MLAP（19ｐ）

■特定市

分類 行政機関・行政事務

解説 施行令４条、別表１に規定されている市が計量法上の特定市となる。

地方自治法252条の19第１項の指定都市、252条の22第１項の中核市及び別表１に列挙されている市である。

特定市はその管轄する区域内の立入検査、定期検査、適正計量管理事業所の指定検査等の計量事務を担当している。

定義 施行令４条、別表１、地方自治法252条の19第１項、252条の22第１項

関連用語 政令指定都市（117ｐ）

■特定商品

分類 商品量目

解説 計量単位により取引されることの多い消費生活関連物資であって、消費者が合理的な選択を行う上で、内容量（量目）の確認が必要と考えられ、かつ、量目公差を課すことが適当と考えられるもの（食肉、野菜、魚介類、灯油、家庭用合成洗剤など29種類）を「法12条の特定商品」として、特定商品の販売に係る計量に関する政令別表１に列挙されている。また、法12条の特定商品のうち「法13条の特定商品」として「密封をしたときに特定物象量を表記すべき特定商品」が特定商品の販売に係る計量に関する政令５条に列挙されている。

販売者が、その特定商品を法定計量単位により示して販売する場合には、量目公差を超えないように計量しなければならない。

消費生活関連物資として多くの食品が特定商品として列挙されており、消費者が不利益を被ることのないよう、全国の計量行政機関が立入検査（量目検査）を実施している。

定義 法12条１項、特定商品の販売に関する政令１条、５条、別表１

関連用語 量目公差（207ｐ）

■特定商品分類表

分類 商品量目

解説 特定商品に該当する・しないは、量目規制を受けるか否かの要因になるため、その判断は慎重にしなければならない。

特定商品の販売に関する政令に規定されている特定商品は、一般的に使用されている商品名で個別に列挙している商品と、包括的な名称（○○類、○○の加工品等）が使用されている商品があるため、個々の商品から特定商品であるか否かの判断が困難であった。これを解消するため、平成５年の改正計量法施行後に経済産業省において商品量目運用分科会が設置され、全国的なアンケート調査を実施、特定商品の細分類を検討した後、平成８年に「特定商品分類表解説」という小冊子を作成し、全国の計量行政機関に配布した。その後、経済産業省計量行政室がこの分類表の加除訂正を行っている。

なお、商品分類は「日本標準商品分類」（総務庁監修）を基にしている。

定義 特定商品の販売に関する政令

関連用語 日本標準商品分類（155ｐ）

■特定二次標準器

分類 計量器

解説 JCSS制度において、国家標準である特定標準器（特定標準物質を含む）によって校正された標準器を特定二次標準器という。JCSS登録事業者は特定二次標準器を保有するか、若しくは特定二次標準器で校正された計量標準（常用参照標準という）を保有する必要がある。

定義 NITE公開文書　JCRP21－17「JCSS登録の一般要求事項」4．用語

■特定物象量

分類 商品量目

解説 特定物象量とは、計量法で定める特定商品について「特定商品ごとに政令で定める物象の状態の量」のこと。特定物象量には、「質量」、「体積」及び「面積」がある。法定計量単位により販売する場合には、量目公差を超えないように特定物象量の計量をしなければならない。

密封した商品のうち法令で定める特定商品には、特定物象量の表記をしなければならないと定められている。

定義 法13条、特定商品の販売に係る計量に関する政令別表1

関連用語 特定商品（145ｐ）、物象の状態の量（179ｐ）、法定計量単位（186ｐ）

■特定物象量の表記

分類 商品量目

解説 特定物象量について、灯油の容器及び特定商品（密封商品）への表記の方法は次の通り。

1　特定物象量を表す数字及び文字を、当該特定商品の購入者が

見やすい個所に見やすい大きさ及び色をもって表記すること。

2　法定計量単位を用いる場合には、法定の記号を用いること。

3　数値が10,000以上とならない法定計量単位を用いて表記すること。

定義　法12条、特定商品の販売に関する省令１条

関連用語　特定物象量（147ｐ）

■特定物象量の抹消

分類　商品量目

解説　都道府県知事又は特定市町村の長がその職員に法148条に基づく立入検査をさせ、特定物象量の表記された特定商品を検査させた場合、その特定商品の内容量についての誤差が量目誤差を超えるときは、その量目表記を抹消させることができる。

この場合の検査方法は、当該特定商品を個々に検査するものであり、その検査を行った商品のみ量目表記を抹消できる。また、行政処分として特定物象量の表記の抹消を行うときは、その特定商品の所有者又は占有者に対して、その理由の告知義務が課せられている。

定義　法148条１項、150条１項、特定商品の販売に関する省令２条

関連用語　特定物象量（147ｐ）

■独立行政法人製品評価技術基盤機構　⇒　製品評価技術基盤機構（116ｐ）

■届出修理事業者

分類　計量器の製造・修理・販売

解説　特定計量器の修理を行う事業者は、事業の区分に従いあらかじめ事業所の所在地を管轄する都道府県知事（電気計器にあって

は経済産業大臣）に届け出なければならない。

修理を行った特定計量器は、構造・機能について適確に修理できたか技術基準に従い検査が義務づけられている。また、特定計量器に検定証印等が付されている場合、修理を行う際は抹消しなければならない。

定義 法46条１項、47条、49条、施行規則13条

関連用語 検定証印（64ｐ）

■届出製造事業者

分類 計量器の製造・修理・販売

解説 特定計量器の製造を行う事業者は、事業の区分に従いあらかじめ事業所の所在地を管轄する経済産業大臣に、都道府県知事（電気計器の場合は経済産業局長）を経由して届け出なければならない。事業者には、適確な計量器が供給されるよう製品検査が義務付けられている。

付帯事業として、特定計量器の修理事業は届け出る必要はない。また、届出に係る特定計量器が非自動はかり、分銅及びおもりであるときには、届出なしにその販売事業を行うことができる。

定義 法40条、46条１項ただし書き、51条１項ただし書き、施行規則５条、別表１

関連用語 指定製造事業者（95ｐ）

■ドリップ・離水性

分類 商品量目

計量後に分離して出てきた水分のことをドリップという。計量時には離水していない状態なので、ドリップは内容量に含まれると解釈されている。時間が経過するとともに解凍されて離水したり、肉汁が出てくるため、計量時とは違った状態になるが、肉汁

も内容量に含まれると考えられている。

関連用語 自然減量（88 p）

■取引

分類 法規制

解説 法２条２項に「取引」とは「有償、無償を問わず、物又は役務の給付を目的とする業務上の行為」と定義されている。ここではお金を払うか払わないには関係なく、「物の給付」は品物（例：精肉・鮮魚等の食料品）の提供等であり、「役務の給付」は、サービスを提供することで、計量に係る例として、運送物の「重さ（質量）」若しくは「体積（縦・横・長さ）」をはかり、サービス料算定のために計量する行為をいう。運送の他、物品の保管等がこれに該当する。

■トレーサビリティ

分類 計量制度

解説 トレーサビリティとは、英語の“traceability”を訳した用語で、一般的には、“辿ることができること”、“追跡できること”等を意味している。

国際計量基本用語集（VIM）では“個々の校正が測定不確かさに寄与する、文書化された切れ目のない校正の連鎖を通じて、測定結果を計量参照に関連付けることができる測定結果の性質”と定義される。簡単にいうと、“高位の標準から下位に向かって次々と計量器の校正が行われ、それぞれの校正では「不確かさ」を評価し、全体の計測の不確かさの記録がされて、各段階での測定結果がその校正の流れの中に位置付けられている測定結果の性質”を「計量トレーサビリティ」という。

校正の流れは、上位から下位、トレーサビリティは、下位で得られている情報が上位に遡って、元に辿りつけることを指す。

関連用語 不確かさ（179 p）

計量トリビア9　人名由来の計量単位

人名を冠した計量単位は、その法則等を定義した人や物理学の発展に大きく貢献した人の名前を当てはめて単位になっているものが数多くあります。

そのうち代表的なものとして、国際単位系の基本単位7つに含まれる「アンペア」・「ケルビン」をはじめ、以下のようなものが挙げられます。

◆ 電流については、導線を流れる電流に磁気作用があることを発見したフランスの物理学者A. Mアンペール（1775〜1836）にちなんだアンペア「A」

◆ 温度については、絶対温度の提案者で絶対零度0°K（=マイナス273. 15℃）と定義したケルビン卿（1824〜1907）

◆ 組立単位である力の大きさの単位としては、万有引力を発見したイギリス人のニュートン（1642〜1727）にちなむニュートン「N」

◆ フランスの思想家であり物理学者で「パスカルの法則」を発見したB. パスカル（1623〜1662）は圧力の単位パスカル「Pa」に使われています。

◆ 電池を発明したヴォルタ（1745〜1827　イタリア）は、電圧の単位「ボルト」（V）。

◆ 蒸気機関を開発したワット（1736〜1819　イギリス）は、電力（電圧×電流）のワット「W」として物理学の工率、仕事率等にも使われています。

◆ 「ジュールの法則」を発見したジュール（1818〜1889　イギリス）は、電気関係では発熱の単位として、一般的にはエネルギーや仕事の単位としてジュール「J」となっています。

◆ 放射線に関する単位として人体に影響を及ぼす単位として線量当量シーベルト「Sv」、の名称はR. Mシーベルト（1896〜1966　スウェーデン）、また、物質に吸収される量、吸収線量グレイ「Gy」はL. Hグレイ（1905〜1965　イギリス）等です。

◆ 固有名詞である単位記号の先頭の記号は大文字を使用します。

計量トリビア10　不動産広告の「駅から歩いて○○分」の基準は？

現在では、不動産業公正競争規約で１分間歩いて80メートルと決められています。

以前、この取り決めがなかった頃には広告表示と実際の時間と距離表示がまちまちで、さまざまなトラブルが起きていました。

例えば、広告表示に○○駅から歩いて十分と表示してあり、実際に歩いてみると１時間以上かかり、広告主に問い合わせると歩いて10分ではなく「歩くのに十分の事です」と回答がありました。

このように、消費者が誤認するようなさまざまな表示が横行しているので、公正取引委員会では表示のルールを取り決めました。

その内容は、男性、女性、年配者で歩く速度も違うので、平均的な速度として公正取引委員会の事務局の女性がハイヒールを履いて１分間歩いた距離を平均し、80メートルと決められました。

駅にある案内などはこれを参考に表示されています。

計量トリビア11　ニュースでよく聞く「バレル」とは？

新聞やテレビなどのニュースで耳にする「国際的原油等の取引で１バレル当たり○○ドル」などその取引における変動が為替相場に大きく影響します。

その由来は「バレル」とは取引の単位で樽を意味し、アメリカで石油の生産が本格化した19世紀中頃、当時は採掘した原油を馬車や荷車等で輸送する際にシェリー酒の樽（容量は50ガロン）を代用しました。

しかし、輸送の途中で漏れたり蒸発などしたため実際は42ガロン（159L）程度になり、それが「１バレル」として原油の国際取引単位の基準になりました。

※１ガロン⇒3.785412L、１バレル⇒42ガロン⇒（158.987L）（約159L）

な

■NITE（ナイト） ⇒ 製品評価技術基盤機構（116ｐ）

⇒ 製品評価技術基盤機構（116ｐ）

■内容量

分類 商品量目

解説 一般的に商品の中身だけの質量や体積を「内容量」「正味量」「NET」と表記しているが、計量法では、“表示量”（当該特定商品の特定物象量による法定計量単位を付して表示されたものをいう。）と規定されている。

定義 特定商品の販売に関する政令３条

関連用語 特定物象量（147ｐ）

■内容量表記

分類 商品量目

解説 商品の内容量については、質量や体積を必ず表記しなければいけない商品、必ずしも表記しなくてもよい商品、個数や本数等数量でもよい商品などが存在する。内容量表記義務商品（法13条１項）では数量（個数や本数）での販売は認めらないが、法12条の特定商品は１パック販売や１山、１皿売り、個数販売でも可能である。

なお、「標準」「約」「ほぼ」等の曖昧な表記を併記することは不可とされている。

また、スティックシュガー等の「内容量500ｇ（５ｇ×100袋）」の表記方法は、500ｇに対して量目公差が適用され、() 書きの併記は認められている。表記の方法は、特定商品の販売に関する省令１条に規定されている。

定義 計量法関係法令の解釈運用等について（経済産業省計量行政室）、特定商品の販売に関する省令１条

■内容量表記義務

分類 商品量目

解説 特定商品の販売に係る計量に関する政令５条で「密封したときに特定物象量を表記すべき特定商品」が列挙されている。これは、内容量の表記を義務付けした「表記強制商品」である。

表記の方法は、特定商品の販売に係る計量に関する省令１条に規定されている。

定義 法13条１項、特定商品の販売に関する政令５条、特定商品の販売に関する省令１条

に

■二国間承認（MoU）

分類 国際化対応

解説 国と国の間で交わされる覚書（MoU：Memorandum of Understanding）で、両国の型式承認試験データを相互活用するための協定である。具体的には、わが国で型式承認された計量器の計量証明書は、相手国でも認められるとともに、相手国で型式承認された計量器の計量証明書をわが国でも認めることになり、二重検査が不要になる。現在、オランダ、ドイツ、韓国、ロシアの各国と二国間承認の覚書を締結している。相互承認ではないが、産総研は技術協力について、アメリカ、中国、オーストラリア、韓国、フランス、ブラジル、タイ、メキシコとMoU（覚書）を締結している。

■日本電気計器検定所（日電検：Japan Electric Meters Inspection Corporation（略称：JEMIC））

分類　組織名

解説　1964年に日本電気計器検定所法によって設立された。電気計器の検定・検査、電気標準の維持・供給、電気計測の研究を事業内容としている。全国の電力量計等の検定・検査を行い、検査台数は年間1,000万台程度になる。電気計器の型式承認について、新規承認・変更承認・更新等の業務も行っている。指定校正機関として、特定二次標準の校正を行っているとともに、JCSS校正、一般校正も行っている。

■日本標準商品分類

分類　商品量目

解説　日本標準商品分類（総務庁統計局統計基準部）は、統計調査の結果を商品別に表示する場合の統計基準として、平成２年６月に改訂されたものである。日本標準商品分類における商品の範囲は、価値ある有体的商品で市場において取引され、かつ移動できるもののすべてである。と、その意義に書かれている。構成は、大分類、中分類、小分類、細分類、細々分類となっており、食品以外の商品も分類されている。

　計量法における特定商品の分類は、この日本標準商品分類を基に規定されている。

関連用語　特定商品分類表（146ｐ）

■乳幼児用体重計

分類　計量器

解説　乳幼児用体重計（家庭用計量器）とは、法２条４項で規定される計量器のうち、主として一般消費者の生活の用に供される計量器（体温計や血圧計などを除く）について、法53条で適正な計量の実施を確保するため、その構造又は器差に係る基準を定める必要があるとされたもので、次の３種が家庭用計量器となる。

① 一般体重計（ひょう量20kgを超え200kg以下の体重計）

② 乳児用体重計（ひょう量が20kg以下の体重計）

③ 調理用はかり（ひょう量が３kg以下でもっぱら調理の際に用いられるはかり）

1 製造又は輸入の際の基準適合義務

家庭用計量器を製造する届出製造事業者はその製造に際して、また、輸入事業者もその販売を行う際に、技術上の基準（構造、器差の許容値など）への適合義務が課せられている。なお、輸出事業者は、都道府県知事に届け出たときは基準適合義務は生じない。

2 家庭用計量器への表示と販売制限

家庭用計量器の製造事業者又は輸入事業者は、それらを販売する時までに定められた表示を付さなければならない。

製造事業者又は輸入事業者以外の者がこの特定計量器の販売の事業を行う時は、表示が付されたものでなければ販売又は販売のために陳列してはならない。

定義 法２条４項、53条、施行令14条、JIS B 7613（2015）

関連用語 家庭用特定計量器（34ｐ）

■認定

分類 計量証明

解説 行政機関等がある組織又は人に対して、規定された業務を遂行する能力あるいは技能を有することを公式に確認すること。濃度の計量証明で極めて微量のもの（ダイオキシン類等）の計量証明を行うには高度の技術を必要とすることから、これに係る計量証明事業の登録申請の際には、経済産業大臣（独立行政法人製品評価技術基盤機構）（2016年現在）の認定を受けていることとされている。

定義 法121条の２

関連用語 特定計量証明事業（143ｐ）、MLAP（19ｐ）、製品評価技術基盤機構（116ｐ）

ね

■年度報告

分類 届出・手続

解説 報告する義務者は、代検査を行う計量士、届出製造・修理・販売事業者、特定計量器の輸入事業者、指定製造者、計量証明事業者、認定特定計量証明事業者、適正計量管理事業所、登録事業者等であり、４月に始まる毎年度につき提出しなければならない。

定義 施行規則96条

関連用語 事業報告書（85ｐ）

■燃料油メーター

分類 計量器

解説 燃料油メーターは、法２条４項で規定される特定計量器である。取引や証明における計量に使用されるもので適正計量の実施を確保するため、その構造又は器差に係る基準を定める必要があると定められたもの。計量法では、燃料油（揮発油、灯油、軽油又は重油）の体積の計量に使用する積算体積計で口径50mm以下の燃料油メーターをいい、その種類は次の通り。

○対象となる燃料油メーター

1　自動車等給油メーター

自動車の燃料タンク等に燃料油を充てんするための機構を有し、給油所に設置するものを「自動車等給油メーター」といい、このメーターを使用して一般給油取扱所では、主に揮発油（ガソリン）、軽油、灯油を計量販売し、燃料商では灯油を計量販売している。

2　小型車載燃料油メーター（ミニローリーともいう）

専ら自動車に固定又は搭載して、口径が25mm以下で灯油、軽油を計量販売している。

3　大型車載燃料油メーター

専ら自動車に固定又は搭載して、口径が25mmを超え50mm以下で灯油、軽油、重油を計量販売している。

4　簡易燃料油メーター

１回ごとの取引に係る表示値の最大が50L以下のもので灯油を計量販売している。

5　微流量燃料油メーター

使用最大流量が１L／min以下のもので、検定の有効期間は設けられていない。主に集合住宅等で灯油をタンクから各家庭に供給する場合の計量に使用する。

6　定置燃料油メーター

上記１～５に掲げるもの以外のものをいう。

○燃料油メーターの有効期間

1　自動車の燃料タンク等に燃料油を充てんするための機構を有するものであって、給油取扱所に設置するもので自動車等給油メーター等は７年

2　上記以外のもので小型車載燃料油メーター等は５年

3　微流量燃料油メーターは有効期間はなし。

定義　法２条４項、施行令２条５号イ(3)、JIS B 8572－１（2008)、8572－２（2011)、8572－３（2011)、8572－４（2014)

の

■濃度計

分類 計量器

解説 濃度計は法２条４項で規定される特定計量器である。取引や証明における計量に使用されるもので、適正計量の実施を確保するため、その構造又は器差に係る基準を定める必要があると定められたもの。特定計量器となる濃度計の種類は次の通り。

濃度計機種名	検定の有効期間
①ジルコニア式酸素濃度計（最高濃度が５vol%以上25vol%以下のもの）	８年
②溶液導電率式二酸化硫黄濃度計（最高濃度が50vol ppm以上のもの）	８年
③磁気式酸素濃度計（最高濃度が５vol%以上25vol%以下のもの）	８年
④紫外線式二酸化硫黄濃度計（最高濃度が50vol ppm以上のもの）	８年
⑤紫外線式窒素酸化物濃度計（最高濃度が25vol ppm以上のもの）	８年
⑥非分散型赤外線式二酸化硫黄濃度計	８年
⑦非分散型赤外線式窒素酸化物濃度計	８年
⑧非分散型赤外線式一酸化炭素濃度計（最小目量が100vol ppm未満のもの及び最小目量が100vol ppm以上200vol ppm未満で最高濃度が５vol%未満のもの）	８年

⑨ガラス電極式水素イオン濃度検出器	2年
⑩ガラス電極式水素イオン濃度指示計	6年
⑪酒精度浮ひょう	無し

濃度計の検定主体は①～⑩までは国立研究開発法人産業技術総合研究所又は指定検定機関（JQA）、⑪の酒精度浮ひょうは都道府県知事

定義 法2条4項、施行令2条17号、JIS B 7959（2015）、JIS B 7960－1、2（2015）、JIS B 7548（2009）

計量トリビア12　沖縄の牛乳パックは小さい？

スーパーなどで売られている1,000mlや500ml入りの牛乳パックがありますが、沖縄では、1,000mlや500ml入りの牛乳パックはあまり一般的ではありません。沖縄でパック入りの牛乳は946mlと473mlが多く売られています。

当時、沖縄がアメリカの施政権下で本土復帰２年前の1970年（昭和45年）に牛乳工場が造られ、その時導入した牛乳パックの充てん機がアメリカ製のガロン対応のため、現在でもヤード・ポンド系単位が残っているためです。

※１ガロン⇒　3.785リットル

　１クォート⇒　１/４ガロン⇒　946ml

　１パイント⇒　１/８ガロン⇒　473ml

計量トリビア13　競馬の実況でおなじみの計量単位は？

競馬好きの方ならご存知だと思いますが、日本の競馬界はメートルの単位を使用していますが、明治の初期にイギリスから競馬が日本に伝わった時の名残の単位が今でも使われています。

「上がり３ハロン35秒で差し脚、鋭く鼻差で勝利しました」…等、実況アナウンサーが解説していますが、その中で「ハロン」がヤード・ポンド系の単位（１マイルの１／８で201.17メートル）に相当します。

日本では現在１ハロンを200メートルとして、ゴールから逆に200メートルおきに紅白の縞模様の杭が立てられています。これを「ハロン棒」と称してレースの目安にしています。

「ハロン」は和製英語で、実際はファロング（furlong）と発音するそうです。

計量トリビア14　SI単位ではない土地の面積の単位アール「ａ」、ヘクタール「ha」がなぜ法５条２項の特殊の計量に用いる単位に含まれているの？

SI単位で面積の単位は、組立単位で「ｍ㎡」、「ｃ㎡」「㎡」「ｋ㎡」で表しますが、例えば１㎡は１辺が１ｍの正方形です。また、１ｋ㎡は１辺が１kmの正方形です。その面積を比較すると、１ｋ㎡は１㎡の100万倍になり、その差が大きいことから１㎡と１ｋ㎡の間の単位として、当時、フランスでは１アールを100㎡と定義して、１アール（a)、１アールの100倍（ヘクト）を１ヘクタール（ha）としてメートル系単位と一緒に使用していました。そのことで１㎡から１ｋ㎡の間が100倍の間隔で繋がりました。

ちなみに「アール」の語源はラテン語で「広場」、「空き地」等を意味する「Area」からきています。

１㎡の100倍が１アール（100㎡）

１アールの100倍が１ヘクタール（100アール、10,000㎡）

１ヘクタールの100倍が（１ｋ㎡、1,000,000㎡）

このように１㎡から１ｋ㎡まで100倍でつながったことで、小学校の算数の面積の単位換算もスムースに出来ます。

は

■ばね式指示はかり

分類　計量器

解説　ばね式指示はかり（質量計）は、法２条４項で規定される特定計量器である。取引や証明における計量に使用されるものとして適正計量の実施を確保するため、その構造又は器差に係る基準を定める必要があると定められたもの。

ばね式指示はかりで目量が10mg以上であって、目盛標識が100以上のものは特定計量器に該当し、取引証明に使用するものは検定が必要で、定期検査の対象となる。

定義　法２条４項、施行令２条２号、10条１項、JIS B 7611－2 (2015)

■販売事業

分類　計量器の製造・修理・販売

解説　特定計量器のうち、非自動はかり（家庭用特定計量器を除く）、分銅及びおもりを国内で販売するには、都道府県知事に販売事業の届出が必要である。販売事業の届出をしないで特定計量器を販売したときは、罰則が定められている。

販売事業を行う者を販売事業者と呼び、販売事業者は、次のことを遵守しなければならない。

⑴　届出に係る特定計量器の性能及び使用方法、法の規制等、適正な計量の実施のために必要な知識の習得に努めること。

⑵　届出に係る特定計量器を購入する者に、適正な計量の実施のために必要な事項を説明すること。

また、届け出た事項に変更があったときは、遅滞なく変更を届出なければならない。変更には、承継を含む。廃止したときも届出が必要である。

定義 法51条、174条（罰則）、施行規則17条、19条

■販売時点情報管理装置（システム）（POS）

分類 計量器

解説 販売時点情報管理システムとは、POS（Point of sales）の邦訳である。ガソリンスタンド等で自動車燃料であるガソリンを燃料油メーター（自動車等給油メーター）で計量し、計量結果をその給油量として、燃料油メーターの計量値を事務所等に設置したコンピューターに取り込んで、販売するためのシステムである。

古くは分離できる表示機構とされて検定対象外であったが、平成５年に施行された新計量法では、原則的に型式承認の対象となって、型式承認番号、合番号を付し、特定した使用とすることとなっている。また、外付けするPOSには、メーター等との接続に SS－LAN*による接続方式を用いた補助装置があり、産業技術総合研究所の認定試験を受けることができる。

認定試験は、計量法の型式承認のための試験とは独立して行われるが、この認定を受けた販売時点情報管理装置は、型式承認を受けた計量システムの一部として扱われる。

＊SS－LAN とは、石油連盟が定めた自動車等給油メーターと販売時点情報管理装置等とを接続するための規格であって、“石油産業情報システム　SS－LAN　標準仕様書”として発行されているもの。

定義 JIS B 8572－１（2008）

■判例

分類 法規制

解説 裁判において、裁判所が示した法律的判断。以下の例は、計量法違反事例で係争となり、裁判における審判が下された事項である。

1　建物収去土地明渡請求事件（昭和45年最高裁第３小法廷判決）

建物収去土地明渡の民事訴訟の審理又は判決において尺貫法による計量単位を表示することは、計量法の取引、証明には当たらず、（旧）計量法第10条若しくは第11条に該当するものではない。

2　計量法違反被告事件（昭和34年最高裁第１小法廷決定）

いわゆる法人の従業者がその法人の業務に関して行った違反行為の事例

農業協同組合の購買主任が計量器の販売等の登録を受けていないにも関わらず、計量器販売事業者と農民との間の台秤売買の斡旋をすることは、法人の業務に関して行った無登録で販売の仲立ちの事業にあたる。該当する罰則規定は、販売と仲立を罰するという主旨である。

この他、“通達”の取消訴訟関係、燃料油メーターのギヤーを変造した違反行為等がある。

ひ

■BIPM　⇒　国際度量衡局 （73ｐ）

■非SI単位

分類 計量単位

解説 計量法で定められた72の物象の状態の量の中には、SI単位が定められていないものや、国内のある分野においてSI単位以外で現に取引・証明に用いられているものがある。これらの現実に基づいて定められたのが「SI単位以外の計量単位」で略して「非SI単位」といわれている。

（例）音圧レベル － デシベル、圧力 － 気圧、濃度 － 質量百分率等

定義 法４条、単位令３条、別表２、３

関連用語 SI単位系（17ｐ）

■比較法

分類 検定・検査

解説 特定計量器のうち、燃料油メーター、密度浮ひょう、比重計等の器差検定を行う方法として比較法と衡量法が定められている。

比較法は、器差検定、検査において、基準となる計量器（基準器）を用いて、液体や校正する特定計量器が表示する値（計量値）と基準器が示す値とを比較、差し引いて器差を算出する。

比較法か衡量法かを問わず、温度補正が誤差の要因となるので注意が必要である。

関連用語 衡量法（69ｐ）

■皮革面積計

分類 計量器

解説 皮革面積計は法２条４項で規定される特定計量器である。取引や証明における計量に使用されるものとして適正計量の実施を

確保するため、その構造又は器差に係る基準を定める必要があると定められたもの。

皮革面積計の検定主体は都道府県知事で、定期検査の対象であり、定期検査の周期は１年。また、面積に係る証明事業を行う場合は都道府県知事の登録が必要で、証明検査を受けるべき期間は１年で、実施主体は都道府県知事。

皮革面積計は皮革の面積を計量するもので、計量された皮革（原皮、わに皮、とかげ皮、へび皮は除く）は特定商品で25d㎡以上が対象になり量目公差は２％（省令で定める伸び率の大きいものは３％）。

定義 法２条４項、19条１項、107条１号、116条、施行令２条４号、10条、29条、JIS B 7614（2014）

■比誤差

分類 検定・検査

解説 電気計器の変成器では、一次側から二次側へ変換するときに誤差が発生する。また、二次側に接続される計器などによっても、この誤差が変化する。この変換するときの誤差を変成器の誤差という意味で「比誤差」という。

式で表すと次の通り。

$$比誤差 = \frac{公称変成比 - 真の変成比}{真の変成比} \times 100（\%）$$

■非自動はかり

分類 計量器

解説 非自動はかり（質量計）は法２条４項で規定される特定計量器である。取引や証明における計量に使用されるものとして適正計量の実施を確保するため、その構造又は器差に係る基準を定め

る必要があると定められたもの

質量計のうち、以下の非自動はかりは特定計量器に該当し、取引証明に使用するものは検定が必要で定期検査の対象になる。

1　目量が10mg以上であって、目盛標識が100以上のもの

2　手動天びん、等比皿手動はかりのうち感量が10mg以上のもの

3　自重計

ただし、自重計、1のうち載せ台の面積（㎡）／ひょう量の値（t）が0.1以下のもの（マットスケール等）、ひょう量が0.5t以上であって載せ台の幅が400mm以下のもの（ロードメーター等）は検定対象にはならない。

平成29年6月21日付で計量法施行令が改正され、特定計量器に自動はかり（ホッパースケール、充填用自動はかり、コンベヤスケール及び自動捕捉式はかり）が定義された。

定義　法2条4項、19条1項、施行令2条2号、10条1項、JIS B 7611－2（2015）

■必置規制

分類　行政機関・行政事務

解説　平成5年新計量法施行前の時代から、都道府県には計量検定所の設置義務があったが、平成5年の新法施行と同時に地方自治法の改正があり、計量検定所の設置義務は解消された。また、計量行政職員も専門性が必要であることから、計量行政職員は計量教習所での教習を修了することが計量法本文に規定されていたが、平成12年の地方分権移行に際し必置規制は廃止された。

このため、地方自治体は自ら計量行政職員を教育・育成し計量行政の運用にあたらせることとなった。

計量行政職員を教育・育成する計量教習所の業務は、現在、産

業技術総合研究所の計量研修センターが担っている。

定義 旧計量法219条（計量検定所必置）、同225条（職員の資格計量教習所修了）

■非法定計量単位

分類 計量単位

解説 計量法で定められている単位（法定計量単位）以外の計量単位を非法定計量単位と呼ぶ。

法では、使用頻度の高い量（法では、物象の状態の量という）について計量単位（法定計量単位）を定めているが、それ以外の非計量単位の取引又は証明における使用を禁止している。違反時には罰則が適用される。非法定計量単位としては、例えば、「長さ」の単位：マイル、ヤード、フィート、インチ（航空機分野では使用可）、尺、寸、「面積」の単位：坪、「質量」の単位：ポンド（航空機分野では使用可）、「温度」の単位：華氏（航空機分野では使用可）、「熱量」の単位：カロリー（食品の栄養価では使用可）、「体積」の単位：石、斗、升、合、「力」の単位：ポンド、キログラム重等がある。

定義 法8条

関連用語 法定計量単位（186ｐ）

■非法定計量単位の使用の禁止

分類 計量単位

解説 計量法で定めた取引・証明に使用する単位を「法定計量単位」といい、それ以外の単位を「非法定計量単位」という。「非法定計量単位」の取引又は証明における使用の禁止及び「非法定計量単位」を付した計量器の販売等は禁止されている

なお、貨物の輸出入における取引・証明等については使用を認

めているものがある。

例　○　は法定計量単位　×　は非法定計量単位

長さ：・メートル、センチメートル、キロメートル　○

・尺、寸　×

・マイル、ヤード、フィート、インチ　×（航空機分野では○）

面積：・平方メートル　○

・坪　×

質量：・グラム、キログラム、トン　○

・ポンド　×（航空機分野では○）

温度：・摂氏　○

・華氏　×（航空機分野では○）

熱量：・ジュール、ワット秒、ワット時　○

・カロリー　×（食品の栄養価では○）

体積：・リットル、ミリリットル、立方メートル　○

・石、斗、升、合　×

力：　・ニュートン　○

・ポンド　×

・キログラム重　×

定義　法8条、9条

関連用語　法定計量単位（186 p）

■表示機構

分類　検定・検査

解説　計量法において「表示機構」とは、検定検査規則2条5項において「「アナログ指示機構」及び「デジタル表示機構」をいう」と定義されている。

「アナログ指示機構」、「デジタル表示機構」は、同条に各々、

「計量値を連続的に示す目盛標識の集合」、「計量値を一定間隔で断続的に表示する目盛標識の集合（最下位のけたの値を連続的に表示する場合を含む）」と規定されている。

定義 検定検査規則２条

関連用語 複数の表示機構（176ｐ）

■標準器

分類 計量器

解説 特定の単位の量を具体的に表すための装置又はもので、測定の標準として用いる。法においては検定及び取締りの際に用いる標準器を基準器という。現実に定義に従って単位を実現するのは極めて困難なため、厳密な意味では標準器はすべて近似的に単位を表しているに過ぎないが、その近似の程度によって、一次標準器、二次標準器、実用標準器などと呼ぶ。いずれにせよ、標準器あるいは標準器で校正された計測器なしでは、得られた計測値を通用させることは出来ない。

■標準物質

分類 計量器の校正

解説 成分量が明確な物質（気体、液体、固体）で、化学計測での測定値の決定や分析機器の校正等で標準として用いる。具体的には、一定の組成を持つ物質を一定量生産し、化学分析や機器分析等によって値付けされたものをいう。標準物質はロットとして生産され、使用ごとに消費される。ロットが変われば仕様、品質が変わるので、全く同じ標準物質を再現することは出来ない。標準物質は、鉄鋼業での工程管理、環境汚染物質・食品添加物分析、臨床検査等の分野で用いられ、内容も単一成分系から多成分系、また低濃度から高濃度と多岐多様に渡り、種類が非常に多い。

法では、標準物質とは量の特定の値が付された物質であり、その量の計量をするための計量器の誤差の測定に用いるものをいう。

定義 法2条6項

関連用語 値付け（5p）

■標章

分類 計量制度

解説 一般には、公に定められた文字、図形、記号等のロゴマークをいうが、法では、計量証明事業者、特定計量証明事業者、指定校正機関、JCSS登録事業者等が発行する証明書に記載されるロゴマークのこと。このロゴマークは、証明書発行者が審査に合格し、必要な能力を維持していることを裏付ける。

定義 施行規則44条の2第2項、49条の7第2項、82条2項、94条2項

■品質管理

分類 計量器の製造・修理・販売

解説 平成5年に施行された新計量法において新設された制度の一つとして、優れた品質管理能力を有する製造事業者を指定する「指定製造事業者制度」が創設された。指定製造事業者は、指定申請時に品質管理の方法について検査を受けなければならない。品質管理の方法は20項目あり、それぞれの基準が規定されている(指定製造事業者の指定等に関する省令別表)。

JISでは「品質保証行為の一部をなすもので、部品やシステムが決められた要求を満たしていることを前もって確認する行為」と定義している。

定義 法91条1項5号、指定製造事業者の指定等に関する省令3条、JIS Z 4001（1999）

関連用語 指定製造事業者（95ｐ）、指定外国製造事業者（92ｐ）

■品質管理者

分類 計量証明

解説 特定計量証明事業者としての管理組織に規定されている品質管理者は、「品質管理の分野において十分な知識を有しており、計量証明事業の品質管理に責任を有するとともに、内部監査の実施を行う者」とされている（平成14年３月29日経済産業省計量行政室「特定計量証明事業者の認定基準等に係る運用について」）。また、計量管理者を兼ねることはできないと規定されている。

定義 法121条の２、JIS Q 17025（2005）

関連用語 計量管理者（49ｐ）

■品質管理推進責任者

分類 計量器の製造・修理・販売

解説 「指定製造事業者等の指定に関する省令」において指定製造事業者が規定しなければならないとされている「品質管理の方法に関する事項」の組織に定められる者である。この品質管理推進責任者を中心として、各組織間の有機的な連携がとられていることが必要である。

また、上記省令別表において、８項目の職務を遂行していることとされ、品質管理の推進についての権限及び責任を有するとともに、当該特定計量器の製造に必要な技術に関する知識及びこれに関する１年以上の実務経験を有する者である。

なお、品質管理推進責任者を養成する講座やセミナーが実施されている。

定義 法91条１項５号、指定製造事業者の指定等に関する省令３条１項、２項、別表

関連用語　指定製造事業者（95ｐ）

ふ

■付印

分類　検定・検査

解説　特定計量器の検定、定期検査においては、合格したことを証する「検定証印」、「定期検査済証印」を計量器に付す。このことを「付印する」という。付印は、特定計量器の「本体の見やすく消滅しにくい部分又は本体に取り付けられた見やすく消滅しない金属片又はその他の物体に付す」、と定められている。

定義　検定検査規則24条

■封印等

分類　検定・検査

解説　特定計量器は、器差を容易に調整することができないものでなければならず、又は、器差を調整できるものは、性能及び器差に著しく影響を与える部分に調整ができないように「封印」することと定められている。各種の封印の方法があるので「封印等」といわれている。

封印等の方法としては、物理的方法である「封印シール」を貼付する。電気式はかりの場合には、重力加速度の範囲を使用場所（区）で表記されているものもあるが、これを変更できなくする目的もある。別に、ソフトウェアによる暗証番号等による方法がある。

この封印等を行う者は、次の通り。

1　製造時点では、届出製造事業者及び指定製造事業者

2　輸入品では、承認輸入事業者

3　修理したときは、修理事業者

定義　検定検査規則15条

関連用語　封印シール（175ｐ）

■封印シール

分類　検定・検査

解説　特定計量器の器差を調整できないようにするための物理的な方法で、「器差調整部分を覆い被せるシール」のこと。このシールが万が一にはがされたとすると、故意にはがしたことが明確にわかるような状態となることが要件である。封印シールが破棄されたものを取引・証明に使用した場合には、法10条による勧告等の対策がとられることとなる。

定義　JIS B 7611－2（2015）6.1.2.4　封印

関連用語　封印等（174ｐ）

■風袋（ふうたい）引き

分類　商品量目

解説　風袋は、商品ではないため内容量に含めてはいけない。商店で使用されている商業用はかり（電気式はかり）には、風袋引きの機能が付加されているので、簡単に風袋引きはできる。

商品の販売は面前計量であっても、袋詰や缶・瓶詰等の密封商品であっても、その商品以外の入れ物（袋、トレー、ラップ等）、添付品（わさび、たれ等）はすべて風袋として、たとえわずかな量でも内容量に含めることはできない。もし誤って風袋引きを行わずに計量販売した場合、消費者は風袋量の分だけ不利益を被ることになる。

定義　法10条１項

関連用語　正確計量義務（113ｐ）

は行

■複合特定計量器

分類 計量器

解説 燃料油メーターを例にとれば、2つ以上の燃料油メーターが1つの計量表示機構を個別に切り替えて使用できるものをいい、次の要件が必要になる。

1 1つの燃料メーターが作動している間は、他の燃料油メーターが作動しないこと。

2 構造上一体となっている燃料油メーターが検定に合格しない計量器でないこと及び検定証印等の有効期間が経過していないこと。

3 特定計量器以外の燃料油メーターと構造上一体となっている特定計量器である燃料油メーターには、当該計量器の見やすい個所に検定対象である旨を表記すること。又は、特定計量器でない燃料油メーター若しくは使用の制限の特例に係る特定計量器には、見やすい個所に検定対象外である旨の表記すること。

定義 法2条4項、16条、施行令2条5号イ(3)、5条3号、JIS B 8572－1（2008)、8572－2（2011)、8572－3（2011)

関連用語 燃料油メーター（157 p）

■複数の表示機構

分類 検定・検査

解説 計量器によっては、計量値を本体、客側若しくはコンピューターの表示機構等のように、二つ以上の箇所に表示する場合も多い。このような表示機構のことをいう。

検定検査規則では、いずれの表示機構も検定に不合格となったものであってはならないとされている。また、その各々の差が検定公差（分離することができる表示機構にあっては目量）を超えてはならないと規定されている。

また、アナログ指示機構及びデジタル表示機構以外の表示機構を有するものは、検定対象外の表記が必要である。

定義 検定検査規則13条

関連用語 表示機構（170ｐ）

■複目量はかり

分類 計量器

解説 複目量はかりとは、「レンジの切り替え」機構を有して、一定の方法で計量範囲を切り替えるタイプのはかりであり、以下の要件に該当するもの。

1　１つの載せ台に対して、ひょう量及び目量の異なる２つ以上の計量範囲（最小測定量からひょう量までの範囲をいう）を有する非自動はかり。

2　異なる計量単位に切り替わるはかりは、計量単位の換算処理を行うはかりとして、複目量はかりに含まれない。

定義 法２条４項、施行令２条２号、JIS B 7611－２（2015）

■不合格処分

分類 検定・検査

解説 計量法では、検定、検査等において合格条件に適合しているときは「合格」とすると定められているが、「不合格」という用語は使用されていない。しかし、計量行政の現場では、「合格しなかった」ということはなく「不合格」といい、必要な処分を行う。これを「不合格処分」という。

定期検査の場合には、「不合格」の場合には、検定証印等を除去、検定検査規則様式24の不合格票を発行する。さらに、都道府県、特定市にあっては、不合格シールを貼付する処置がとられている。

型式承認、指定検定機関などにも適用される。また、行政手続法による申請者へ理由の通知が必要とされている。

■不合格等の理由の通知

分類 検定・検査

解説 届出製造事業者は、特定計量器の型式について、政令で定める区分に従い、経済産業大臣又は日本電気計器検定所の承認を受けることができる。この承認を受けようとする者は、定められた必要な申請書を経済産業大臣又は日本電気計器検定所に提出しなければならない。

承認を受けようとする型式の特定計量器について、当該特定計量器の検定を行う指定検定機関の行う試験を受けることができる。その試験用の特定計量器の構造が法71条１項１号の経済産業省令で定める技術上の基準に適合するときは、合格とする。合格しなかった場合には、不合格の理由の通知が必要である。

検定、定期検査における不合格処分の理由の通知と同様に様式が定まっている。

定義 法78条、161条、検定検査規則73条、様式24

■付帯事業

分類 計量器の製造・修理・販売

解説 特定計量器の製造の事業を行う者は、経済産業大臣へ「事業の区分」に従って届出が必要であり、修理・販売の事業を行う者は、都道府県知事への届出が必要である。ただし、付帯する事業として、届け出た「事業の区分」において、製造事業者は届出をせずに修理・販売事業が行うことができ、修理事業者は届出をせずに販売事業を行うことができると規定されている。

定義 法46条ただし書き、51条ただし書き

■不確かさ

分類　計量器の校正

解説　不確かさは、「測定の結果に付随した、合理的に測定量に結びつけられ得る値のばらつきを特徴づけるパラメータ」と定義されている。簡単には、「測定値のばらつきを表す値」と言われている。

測定の不確かさは、測定値にばらつきを与える要因である、例えば、測定温度、大気圧、温度の変動、繰り返し測定の値のばらつき、測定者の技量等をすべて挙げて、その平均値のばらつきの二乗和の平方根をもって算定する。

計量計測において、トレーサビリティがとれているという時には、必ず、この測定の不確かさを伴って記載される。

基準器検査を受けようとする計量器についてあらかじめJCSS校正を受け証明書を有する者が基準器検査を受ける際には、JCSS登録事業者が交付した証明書が添付された場合には、基準器公差を超えず、かつ、証明書に記載された測定の不確かさが基準器公差の三分の一を超えないこととする、と定められている。

◆はかり校正の拡張不確かさ算出式

$$U = 2 \cdot \sqrt{u_{\mathrm{w}} + u_{\mathrm{r}} + u_{\mathrm{k}i} + u_{\mathrm{d}i} + (u_{\mathrm{e}} + u_{\mathrm{T}}) \cdot W_i^2}$$

U：拡張不確かさ、u_{w}：繰り返し性、u_{r}：丸め誤差、

$u_{\mathrm{e}} \cdot W_i$：偏値誤差、$u_{\mathrm{T}} \cdot W_i$：温度特性、

$u_{\mathrm{k}i}$：校正分銅の不確かさ、$u_{\mathrm{d}i}$：経年変化の不確かさ

定義　基準器検査規則15条

■物象の状態の量

分類　計量単位

解説　法２条１項１号に「長さ」「質量」「時間」等72の物象の状態

は行

の量が規定され、同２号に政令委任された「繊度」「比重」「引張強さ」等17の物象の状態の量が規定されている。

定義 法２条１項１号、２号

■仏馬力

分類 計量単位

解説 馬力は名前の通り、元々は馬一頭が発揮する仕事率（工率）を１馬力と定めたものであった。今日では、ヤード・ポンド法に基づく英馬力、メートル法に基づく仏馬力等、各種の馬力の定義がある。仏馬力は、内燃機関あるいは外燃機関（蒸気機関等）に関する取引・証明に限り工率の単位として当分の間用いることができる。国際単位系（SI）における仕事率、工率の単位はワット（W）である。

定義 法附則６条、７条、単位令11条、単位規則２条２項２号、別表７

■物理量

分類 計量単位

解説 物理学における一定の体系の下で次元が確定し、定められた物理単位の倍数として表すことができる量。物理学で扱われる変数。長さ・質量・時間・電流などの量や、それらの演算関係から定義される量。

定義 JIS Z 8103（2000）

■浮ひょう型比重計

分類 計量器

解説 浮ひょう型比重計は、法２条４項で規定される特定計量器である。取引や証明における計量に使用されるものとして適正計量の実施を確保するため、その構造又は器差に係る基準を定める必要があると定められたもの。

1　浮ひょう型比重計の種類

(1)　比重浮ひょう

(2)　重ボーメ度浮ひょう（水より重い液体の測定）

重ボーメ度（Bh）＝144.3－（144.3／S）　S：比重（15／4℃）

(3)　日本酒度浮ひょう

日本酒度＝（1,443／S）－1,443　S：比重（15／4℃）

2　検定の主体は都道府県知事。

定義　法2条4項、施行令2条18号　JIS B 7525－3（2013）

■不服申立て

分類　届出・手続

解説　産業技術総合研究所、製品評価技術基盤機構、日本電気計器検定所、指定検定機関、指定校正機関の処分に不服がある者は、経済産業大臣に対して審査請求をすることができる。

また、指定定期検査機関又は指定計量証明検査機関が行った処分について不服がある者は、当該の指定定期検査機関又は指定計量証明検査機関を指定した都道府県知事又は特定市町村長に対して審査請求をすることができる。

定義　法163条

■浮力の補正

分類　検定・検査

解説　物体の質量を測定する時には、直接に質量を計量するのではなく、地球上に係る重力の加速度の影響を受けている中、はかりで計量するのが一般的である。

このときに、天びんが釣り合うには、$m_1 = V_1 \times g = V_2 \times g$で表され、体積の違いによる浮力が生ずる。同じ質量の物体での体積差は、物体の密度差によるものであるが、空気の密度の値とあわせて、この差を補正することをいう。

質量分銅の場合には、通常、次のような方法をもって補正する。

$$x = \mathrm{M}\left\{1 - \beta\left(\frac{1}{\gamma} - \frac{1}{\mathrm{d}}\right)\right\}$$

M：基準分銅の質量　γ：基準分銅の密度　β：空気の密度

x：補正する分銅の質量　d：補正する分銅の密度

補正値Δmは、$\Delta m = M - x$となる。

定義　基準器検査規則110条

分銅

分類　計量器

解説　はかりで物の質量をはかるとき、質量の基準（標準）として用いるものである。金属製で円筒形、板状、線状等がある。特殊なものを除き、1、2、5の10^n倍（nは正又は負の整数）の質量である。

基準分銅は、特級、1級、2級、3級がある。

また、JCSS標準分銅は器差の値付け、不確かさ等が成績書に記載されている。

定義　施行令10条1項1号

関連用語　基準分銅（42ｐ）、実用基準分銅（90ｐ）

へ

■平均値手法

分類　商品量目

解説　大量生産されている特定商品の量目を個々に検査することは不可能かつ非現実的である。国際法定計量機関（OIML）では、内容量表示の特定商品については、統計的手法による抜き取り検査に基づき商品の内容量の検査を勧告（EU指令又はOIML/R87）している。

この量目管理の評価には「平均値手法」（ロットごとの平均値や標準偏差等を使用）といわれる統計的手法が用いられている。

関連用語　特定商品（145ｐ）、商品量目（107ｐ）、OIML（19ｐ）、EU指令（９ｐ）

■変圧比

分類　検定・検査

解説　変圧比とは、一次電圧を二次電圧で除して得られる値である。例えば、一次側電圧が6,600Vである電圧を二次側には110Vとしたときには、変圧比=6,600/110=60となる。同様に変流器は、一次電流（100A）と二次電流（５A）とすると、変流比=100A/５A=20となる。変成比は、変圧比×変流比で示される。

変成器とともに使用する電気計器は、変成器の二次側に接続されているので実際の取引の電力量を計量することはできない。しかし、変成器は、一次側の電圧、電流を正確に変換するための機器であるため変成器に表記された変圧比と変流比を電気計器の計量値に乗じて求めることができる。変成比は、変圧比と変流比を掛け合わせた数値が表記される。変流器とだけ組み合わせるものは、変流比のみが変成比として表記される。

実際の使用電力量は、電気計器の計量値が1kWhであるとすると、

使用電力量＝計量値×変成比＝1kWh×1,200＝1,200kWhとなる。

定義 電力量計（136p）

■変成器

分類 計量器

解説 高電圧や、大電流を電気計器で扱いやすい大きさの電圧や電流に変換する装置。

電気を大量に使用する工場等への送電は、送電ロスを少なくするため数千ボルト以上の高電圧にして電気を送っている。工場等では送電されたこの高電圧を使用する電気計器に適した電圧や電流にするため変成器が使用される。

定義 JIS C 1736－1（2009）

関連用語 変流器（185p）

■偏置誤差

分類 検定・検査

解説 偏値誤差とは、非自動はかりで計量するとき載せ台の中央に載せることが基本であるが、常に中央に載せられるとは限らないので、はかりの性能を担保するため、任意の質量を載せ台の任意の位置に載せたときでも検定公差を超えない誤差範囲にあることと定められている。

偏値誤差試験の方法は、検定検査規則127条（性能）において、JIS B 7611－2の「5.6.2　偏値荷重」の項が引用されている。

定義　JIS B 7611－2（2015）　5.6.2　偏置荷重

関連用語　非自動はかり（167 p）

■変流器

分類　計量器

解説　大電流を扱いやすい電流である5アンペアに変換する装置。電流を変換するものを変流器と呼び、変成器の一種である。

定義　JIS C 1736－1（2009）

関連用語　変成器（184 p）

ほ

■放射線、放射能

分類　計量単位

解説　放射線は、詳しくは電離性放射線のことで、高いエネルギーを持つ電磁波（光、粒子）であり、イオン化作用を起こす。具体的にはアルファ（α）線、ベータ（β）線、ガンマ（γ）線、中性子、陽子、エックス線等のことで、ウラン、ラジウム等の放射性物質あるいはX線等発生装置等から放射される。放射能は放射性物質から放射線が放出される現象のことをいう。放射線の種類は多種多様であり、物理量、電離作用、人体への影響等計量する量も多く、さらに歴史的に変化するなど、放射線の単位はかなり複雑である。代表的な量として、放射能（単位：ベクレル）は時間当たりの放射線の数、照射線量（単位：グレイ）は放射線の電離作用で生じるエネルギー量、線量当量（単位：シーベルト）は人体への影響量等がある。

包装機・値付け機

分類 計量器

解説 包装機・値付け機の機能を有した電気式はかりで、静止計量ができるものは非自動はかりとして取扱い、簡易修理は以下の通り電気式はかりの簡易修理の取扱いをすることとなる。

1 印字機構の部品、外部記憶機構、外部入力機構又は表示機構（累加表示機構及び遠隔表示機構を含む）の電源部の補修又は取り換え。

2 料金計算機能に係る電気回路部品（当該電気式はかりの性能及び器差に著しく影響を与えることのないものに限る）の取り換え。

定義 法２条４項、49条、施行令２条２号、施行規則11条、JIS B 7611－２（2015）

包装商品

分類 商品量目

解説 商品を個包装（ビニール袋、紙袋等）した商品のこと。

スーパーや小売店で販売されている商品は、この包装商品（あらかじめ計量した商品）と面前計量商品（精肉店等で客の面前で計量する商品）の二通りが一般的な販売方法であり、特定商品に該当する場合は、個包装でも面前計量でも量目公差が適用される。

関連用語 密封商品（193ｐ）、量目公差（207ｐ）

法定計量単位

分類 計量単位

法で定める72種の（物象の状態の）量及び繊度など特殊な17種の量を計量するための計量単位をいう。

原則として法定計量単位は国際単位（SI単位）を採用しているが、デシベル、質量百分率、水銀柱ミリメートルなどの非SI単位も含まれている。さらに、倍量分量を表すキロ、ミリ、マイクロ等の接頭語も含まれる。一般に取引、証明では、無償であっても、これら法定計量単位を用いなければならない。目盛りや表示についても同様である。法定計量以外の量の単位についての規制はない。また、家庭内や作業工程内での計量は対象外である。

定義　法３条、別表１、単位令３条、４条、別表２～５、単位規則１条、２条、別表１～５

関連用語　非法定計量単位（169ｐ）

■法定受託事務

分類　行政機関・行政事務

解説　計量法の中の法定受託事務は、以下の通りである。

１　計量士の登録に係る事務等（施行令42条）

２　都道府県の国への通知事務等

(1)　製造事業の届出の通知事務（法40条２項）

(2)　製造事業の変更の届出等（法42条３項）

(3)　製造事業の廃止の届出（法45条２項）

(4)　指定製造事業者の指定に係る申請書の通知事務（準用100条）

３　都道府県等による事前検査事務

(1)　届出製造事業者に係る検査及び検査結果を経済産業大臣に報告（法91条２項、３項）

(2)　適正計量管理事業所である国の事業所に関する事務で都道府県が処理する事務（法127条２項から４項、施行令44条１項）

(3)　適正計量管理事業所である国の事業所に関する事務で特定

市町村が処理する事務（法127条２項から４項、施行令44条２項）また、法168条の８において政令に委任された都道府県が処理する事務の内容は、施行令41条において以下の通り規定されている。

①　特殊容器の使用、特殊容器の製造事業に関する事務

②　適正計量管理事業所である国以外の事業所に関する事務

定義　法169条の２、地方自治法２条９項

■POS（ポス）　⇒　販売時点情報管理装置（システム）（164ｐ）

計量トリビア15　アメリカでは「気温50度」が当たり前？

アメリカを旅行すると、日本で使われている温度との違いに戸惑うことがあります。

例えば、アメリカで50度というと、日本人の感覚では砂漠の温度のように感じますが、実際は東京でいう冬の気温の10度に相当します。

その訳は、日本ではセルシウス度目盛り（摂氏）の寒暖計を使用していますが、アメリカではファーレンハイトが考えた温度目盛り（華氏）のものを使用しているからです。

その違いは、ファーレンハイトが考えた温度目盛りは、高低２つあり、低い方の温度は「氷と食塩を混ぜ氷が溶けはじめるときの温度」、高いほうの温度は「健康な人の体温を96度」としていますが、さらに、水の凝固点を32度、沸点を212度としてその間を180等分した目盛を考案しました。

一方、セルシウスが考案した温度目盛りは、水の凝固点を100度、沸点を０度としてその間を100等分した目盛を考案しました。その後、水の凝固点を０度、沸点を100度としてその間を100等分した目盛に変更しました。

ちなみに、温度を読むとき摂氏（せっし）○○度ということがありますが、これは、セルシウスの中国語音訳が「摂爾修斯」で先頭の漢字に氏を付けて「セルシウスさん」の意味です。ちなみに華氏（かし）はファーレンハイトの中国語音訳が「華倫海」で先頭の漢字に氏を付けて「華氏」と表記します。

セルシウス度の℃は当初センチグレードの意味でしたが、後にセルシウスの℃になりました。

セルシウス度は基本単位であるケルビン「K」の温度目盛りと同じで、絶対零度が－273.15℃で０℃は273.15Kになります。

◎　摂氏と華氏の関係

$C = 5/9\,(F - 32)$

$F = 9/5\,C + 32$

は行

計量トリビア16　パーセントの由来は？

パーセント「%」等は、ある数又は量が全体の100分のいくつかに当たるかを表す比率量で、非ＳＩ単位です。

パーセントの由来は、同じ２つの量の比を100倍した値（百分率）です。

“parts per cent” ですから「100に対しての割合」という意味になります（centは100の意味）。

「‰」は同じように２つの量の比を1,000倍（千分率）を表す記号でパーミル（per mille）です。

環境計測で使用している「ppm」やダイオキシンなど極微量計測に「ppb」、「ppt」さらに「ppqt」も加わりました。

「ppm」は百万分率で（parts per million）

「ppb」は十億分率で（parts per billion）

「ppt」は一兆分率で（parts per trillion）

「ppqt」は千兆分率で（parts per quadrillion）

計量トリビア17　算数でおなじみの「デシリットル」は学校以外では使われない？

国によって商品に表示されている単位が異なっていることがあります。

例えば、体積で１リットルの１／10を１デシリットルと小学校で習いましたが、日常生活ではあまり使用していません。

ところで、１リットルの１／100を１センチリットルという単位がありますが、長さの単位ではセンチメートルは一般的に使用しますが、体積の単位でセンチリットルという単位は日本ではほとんど耳にしません。しかし、ヨーロッパでは多く使われています。パリでミネラルウオーターを購入した表示を見ると「50cL」とあります、これは日本の表示では「500ml」です。

このことは、EUでは一般消費者が購入する商品の表示に０の数が多くなると誤認する恐れがあるということが基本にあると考えられます。

日本では、ミネラルウオーターの表示が2,000mL、1,000mLとありますが、EUでは３L、２L、１Lの表示です。

「EUにおける食品ラベルに関する表示規制」の中に内容量表示について「理事会指令76/211/EEC」に液体の容量表示は「cL」と規定されています。しかし、ワイン類の表示は附則でmL表示が認められています。

計量トリビア18　日本酒の甘口・辛口も計量できるの？

計量法で人間の味覚・嗜好に関わる特定計量器があります。それは日本酒の「甘口」、「辛口」を測定する日本酒度計です。

日本酒の比重を測定して含まれている糖分、アルコール分、水分等の関係から「甘口」はマイナス、水の比重と同じものを０、「辛口」はプラスとして日本酒度を測定するものです。

その数値は「比重を表す数値の逆数から１を減じた数値を1,443倍した数値で表される値とあり《日本酒度＝（１／比重－１）×1,443》（比重（15／４℃））で示されます。

国税庁の調査によれば、一般酒、吟醸酒、純米酒の日本酒度の平均はそれぞれ＋3.7、＋4.3、＋4.0でした。ただ、甘辛の判断は官能による判断で、日本酒度は比重に対応する数値で、必ずしも一致しません。ブドウ糖は直接甘みを感じますが、他の糖類は日本酒度表示に与える度合いほど甘みを感じないのと、清酒中に含まれているコハク酸、乳酸、リンゴ酸等が多いと辛く感じ、少ないと甘く感じます。

計量トリビア19　宝石の「カラット」はどんな意味？

宝石（ダイアモンド）を評価する基準に「4C」があると言われますが、それは「カラット」、「カット」、「カラー」、「クラリティ（透明度)」で、そのうち「カラット」は質量を表す単位です。

計量法でも特殊な計量に用いる単位として、「カラット（ct)」は認められています。

その由来は、デイゴ（アラビア語で「quirrat」）かイナゴマメ（ギリシャ語で「keration」）が語源といわれています。

この豆は、さやの中のどの位置でも同じ程度の重さだったので、細かい分銅の代わりとして使用されていたようです。また、実際に使用する国によってカラットの値がまちまちだったので、1907年のメートル条約の総会で「1カラットは200mgに等しい」と統一されました。

1カラット（ct）⇒　0.2グラム（g)、200mg

同じカラットでも、金の純度を表す単位として「カラット（K)」が用いられています。

「24K」、「24金」、「18K」、「18金」というように表記され、金の純度を表す単位として使用されています。

「24K」、「24金」⇒　純度100％を意味します。

「18K」、「18金」⇒　純度75％を意味します。(18／24×100⇒75％)

「14K」、「14金」⇒　純度58.3％を意味します。(14／24×100⇒58.3％)

特殊の計量の単位の中に次のような単位もあります。

「真珠の質量の計量」に用いる単位として「もんめ」⇒「mom」、(3.75g)

「金貨の質量の計量」に用いる単位として「トロイオンス」⇒「oz」、(31.1035g)

み

■密度浮ひょう

分類　計量器

解説　密度浮ひょうは、法２条４項で規定される特定計量器である。取引や証明における計量に使用されるものとして適正計量の実施を確保するため、その構造又は器差に係る基準を定める必要があると定められたもの。

１　密度浮ひょうの種類

(1)　密度浮ひょう（目盛範囲　0.600g/㎤〜2.000g/㎤）

(2)　耐圧密度浮ひょう（液化石油ガス用のもの）
（目盛範囲　0.450g/㎤〜0.650g/㎤）
液化されたプロパン、ブタンなどの密度測定に用いるもので透明な耐圧シリンダーに液化したガスとともに耐圧密度浮ひょうを封入し測定するもの。

２　検定の主体は都道府県知事。

定義　法２条４項、施行令２条18号、JIS B 7525－１～２（2013）

■密封商品

分類　商品量目

解説　密封とは「商品を容器に入れ、又は包装して、その容器若しくは包装又はこれらに付した封紙を破棄しなければ当該物象の状態の量を増加し、又は減少することができないようにすること」である。このような状態の商品を密封商品と称している。密封商品の代表的な商品としてはビン詰、缶詰、袋詰め等がある。

法13条で規定される特定商品を密封して販売する場合、量目公差を超えないように計量し、その容器や包装に内容量を表記するとともに、表記する者の氏名又は名称及び住所を付記しなければならない。

定義 法13条1項かっこ書き

関連用語 包装商品（186ｐ）、量目公差（207ｐ）

■みなし証明

分類 計量証明

「みなし証明」という用語は通称であり、正確には「証明とみなされる計量」のことをいう。これに該当する計量は、次の2つである。

1 「軌道建設規程」及び「無軌条電車建設規則」、「鉄道に関する技術上の基準を定める省令」において、電車及び運転に必要な設備として設けられた圧力計による計量

2 「製造施設の位置、構造及び設備並びに製造の方法等に関する技術基準の細目を定める告示」に規定する、比較するための標準とする「温度計」及び「圧力計」による計量

定義 施行規則2条

■ミニマム保証

分類 商品量目

解説 計量法では、個々の商品の量目は特定商品ごとに定められた量目公差を超えて不足するものであってはならないとされている。個々の商品に対する保証が「ミニマム保証」である。

OIML国際勧告では、個々の商品に対する保証ではなく、ロット単位の「平均値保証」となっている。

つまり、消費者利益の保証レベルと詰込事業者の量目管理の容易さとは違っている。現行の商品量目制度は、EU規制やOIML勧告を参考に、日本の永年の実績に立脚して折衷型に整理したも

のとなっている。

む

■無効電力量計

分類 計量器

解説 工場等において電気を使用する機器によっては、有効にエネルギーとして使用できない部分が発生することがある。この部分を無効電力といい、これを計量する電気計器を無効電力量計と呼んでいる。

無効電力量計は、普通電力計と組み合わせて使用され、需要家の電気の利用率（力率）を測定する。力率が100％へ近いほど電力会社の設備負担が軽減されるため基本料金を割り引くようにしている。

定義 施行令２条13号

め

■メートル条約

分類 国際化対応

解説 もともとは長さと重さ（質量）の単位を世界的に統一しようとして、1875年にパリ（フランス）で締結された国際条約である。この条約により、国際度量衡局（BIPM）、国際度量衡委員会（CIPM）、度量衡総会（CGPM）が創設され、メートルとキログラムの原器が加盟国に配布された。その後順次、加盟国も増加し、量についても、電気、測光、放射線、時間、化学が加わり、1960年にこれらの単位系を国際単位系（SI）と呼ぶことが決定された。現在、わが国を含め、世界のほとんどの国でSI単位が採用されている。

関連用語 SI単位系（17ｐ）、国際度量衡局（73ｐ）、国際度量衡総会（74ｐ）

■目盛

分類 計量器の製造・販売・修理

解説 計量器などで量の大きさを示すしるし。

非法定計量単位による目盛を付した計量器は、販売又は販売の目的で陳列が禁止されている。このことが定められた法９条では「計量器」とあり、特定計量器に限定されていない。

目量を変更する行為について、例えば型式承認が付された使用中の電気式はかりの目量数を変更して使用する可否については、目量数の変更は、精度等級の変更でもあり「製造とみなされる改造」に該当する。

定義 法２条４項、９条１項、施行令２条２号、JIS B 7611－２（2015）

関連用語 目量（196ｐ）

■目量

分類 計量器の製造・修理・販売

解説 目量とは、旧法では目盛を意味していたが、質量計の新基準では目量という表現になっている。

目量を変更する行為について、例えば型式承認が付された使用中の電気式はかりの目量数を変更して使用する可否については、目量数の変更は、精度等級の変更でもあり「製造とみなされる改造」に該当する。

定義 法２条４項、９条１項、施行令２条２号、JIS B 7611－２（2015）

関連用語　目盛（196ｐ）

■免除（定期検査）

分類　検定・検査

解説　取引証明に使用している特定計量器（質量計、皮革面積計）は、定期検査を受検しなければならないが、定期検査と同等の「計量士による検査」（代検査）や「計量証明検査」「適正計量管理事業所で行う検査」を受けることにより、計量行政機関が行う定期検査は免除される。

また、検定を受検後、使用期間がそれほど経過していないものは、精度担保が図られていると考えられるため、検定年月の表示の翌月１日から起算して１年間は定期検査が免除される。

定義　法19条１項１～３号　施行令10条２項

■免除期間（定期検査）

分類　検定・検査

解説　平成５年の新法制定時における定期検査の免除期間特例措置（３年）は平成29年６月の政令改正で廃止された。

なお、施行令附則により、平成31年３月以前である検定証印等が付されたものに限り、３年の免除期間が経過措置として規定された。

定義　計量法施行令及び計量法関係手数料令の一部を改正する政令（平成29年政令第163号）

計量トリビア20　その１升枡が危ない！？

昔、米等の取引や年貢などの単位は重量ではなく、体積（升）でした。年貢などをお米で徴収する際、１升枡を使用していましたが、地方の権力者（地主）は年貢を多く納めさせるために枡の大きさを大きくして農民から年貢を納めさせていました。現在の１升枡の倍ぐらいあるものを１升と称して、その大きな升で農民から年貢をとるようなこともありました。

そこで、豊臣秀吉が全国統一のため太閤検地を行い、全国の農地の面積を測量し、土地ごとのお米などの生産量を「石高」として定めました。

そこで使用する枡に「京枡」を使用しました。その後、江戸幕府は寛文９年（1669年）に「京枡」を廃止して、新たなサイズに改めました。

従来は５寸四方×深さ２寸５分のサイズだったものを４寸９分四方×深さ２寸７分に変更しました。そこで「縦横を１分ずつ減らして深さを２分増やしたのだから同じだろう」と言って農民をごまかしたという話がありますが、実際に体積を計算にしてみると3.7％も多くなっていました。

１寸⇒　10分⇒　約3.03cm

１分⇒　約0.303cm

メートルに換算した寸法で計算してみると、枡の底面は約14.8cmの正方形×深さが約8.2cm、体積が1,803.9㎤になります。現在の１升枡はこの枡が基本になっています。

や

■ヤードポンド法

分類 計量制度

解説 長さの単位にヤード（1ヤード＝約0.9144メートル）、質量の単位にポンド（1ポンド＝約0.4536キログラム）、時間の単位には秒、温度の単位に華氏温度を用いる単位系である。現在この単位系を採用しているのはアメリカ合衆国のみといってよい。アメリカでも基準はSI単位で、換算してヤードポンドを使用している。しかし、ヤードポンド法は長い間、英米諸国で使用されてきたため、まだその影響が残り、輸出入に関しては法に特例が設けられている。

定義 法8条3項

関連用語 非法定計量単位（169ｐ）

ゆ

■輸入された計量器

分類 計量器

解説 輸入された計量器の取扱いは、以下の通りとなる。

1　家庭用計量器

家庭用計量器の輸入の事業を行う者は、国内でその計量器を販売する場合は、技術上の基準に適合したものとして家庭用マークを表示したものを販売しなければならない。

2　譲渡制限が課せられた計量器

譲渡制限が課せられた「ガラス製体温計」、「抵抗体温計」及び「アネロイド型血圧計」を輸入するものは、当該事業者の所在する場所を管轄する都道府県知事の検定を受けてからでないと、他人に譲渡できない。

3　上記1、2以外の特定計量器であって、取引・証明に使用されるものを国内で販売の目的で輸入した場合で型式承認のないときは、一部の特定計量器を除き検定が受けられない。

4　上記2、3の場合で外国製造事業者の届出を行っていて、承認外国製造事業者が製造したものを輸入した場合、基準適合証印が付されている場合は特に制約はない。

定義　法2条4項、53条、57条、施行令2条2号、15条、JIS B 7613（2015）

よ

■容量公差

分類　計量器の製造・修理・販売

解説　計量法で定める特殊容器の表示する内容量に対して許容される誤差の範囲を「容量公差」という。

計量法で定める特殊容器（牛乳びん、ビールびん、清酒用びん等）を製造しようとする者は、指定製造者として指定を受けなければならない。製造した特殊容器が指定基準として定められた、①製造の方法、②検査の方法に適合し、区分ごとに定められた形状に属すること及び容量公差を超えないことと定められている。試験は、型式ごとに定められている基準試験高さの計測による。また、JIS S 2350（2014）附属書Aに予備寸法に対応した商品ごとの容量公差が定められている。

これに適合するときには、右の表示を付すことができる。

定義 法63条1項2号、JIS S 2350（2014）附属書A

関連用語 特殊容器（138p）

■読取限度

分類 検定・検査

解説 計量器で計量結果を計量値として読み取る際、計量器の表示機構の違いによって、計量値を読み取ることが技術的に可能とされる限度を表すための用語である。

デジタル表示機構のものにあっては目量、補助表示機構を有するものにあっては、その補助表示機構の目量をいう。

アナログ指示機構のものにあっては、目量の1/10又は感量の1/10をいう。

定義 基準器検査規則18条、基準器検査規則の規定に基づき経済産業大臣が別に定める非自動はかり等について（平成27年経済産業省告示64号）

計量トリビア21　日本のビールの容量はどうして633mLになっているの？

その理由は、戦費調達のため1940年（昭和15年）に酒税法が制定され、それまではビールに課せられるビール税（生産量に課税）と物品税（物品の出荷される数量に課税）が課税されていましたが、ビール税に一本化（ビールの出荷される数量に応じて課税）され、市場に出回っているビールの容量が大きいものが3. 57合（643. 992mL）、小さいものは3. 51合（633. 168mL）でした。そのため、1944年（昭和19年）に一番少ない方に合わせれば容量の大きな瓶も使用できるので、3. 51合（633mL）の容量にして、小瓶も同様に334mLに決められました。

中瓶については、昭和22年に宝酒造がジャスト100円で500mLとして発売したところ、他社も追従して500mLになりました。

ちなみに、海外では500mL以上の大瓶はなく300mL～350mLが一般的で、よく映画などでビンに直接口を付けてラッパ飲みをしているものやコーラ感覚で自分がコップに注いでいるのを見ますが、日本の習慣として宴会などでお互いにお酌することがあり、500mL以上の大瓶が販売されていると想像できます。

計量トリビア22　輸入ワインと国産ワインの瓶のサイズが微妙に違うのはなぜ？

最近ではワインの専門店が増え、店頭に赤白さまざまなワインが陳列されていますが、国産ワインは720mLで外国産ワインは750mLが一般的です。

その理由は、日本でワイン醸造が始まった明治時代に、従来からある日本酒の１升ビン、４合ビンに充てんしており、その４合ビンが720mLでした。

一方、外国産ワインは１／５ガロン（米ガロン）を基本として750mLに決められました。EUの表示基準では内容量について８種類ほど決められており、その一つに750mLがあります。
※１升⇒（1.8L）　　　　４／10升⇒４合（720mL）
　１ガロン⇒（3.785L）　１／５ガロン⇒（757mL）…（750mL）

計量トリビア23　正確計量義務―「おまけ」はいけないの？―

近所の店で、いつも「おまけ」してくれていると思っていたが…

ある日お客さんが「風袋（ふうたい）引き」をしないといけないんじゃないの？とお店の人に言っていました。店員曰く、「風袋引きは忙しいからやっていないけど、うちはそれ以上におまけ（増量）しているからお客さんに迷惑（不利益）はかけてないからいいでしょう？」

これは本当によいのでしょうか？

例えば、200ｇを注文し、総量が220ｇで風袋量５ｇとした場合、内容量は215ｇで15ｇの「おまけ」となります。

商品の内容量は、風袋（トレー、袋、カップ等）や添付品（わさび、たれ等）は商品ではないためすべて風袋として「風袋引き」をしなければなりません。

使用している商業用はかり（電気式はかり）には、ボタンひとつ押すことで風袋引きができる機能が付加されています。

このお店は、お客さんに損をさせていないから良しとしていますが、法10条では「正確に計量するよう努めなければならない。」と規定されており、わずかな量でも、あえて風袋引きをしないのは法10条に抵触する行為だと考えられますが、皆さんはどう考えるでしょうか？

り

■両側ボトムローディング式タンクローリー

分類 計量器

解説 一般的なタンクローリーは量器用尺の施設位置は各油槽の中央に位置しており、傾斜による影響を受けにくく、傾斜状態での検査は行わない。

両側ボトムローディング式タンクローリーは、タンクに接続された配管内の体積を含めて全量とすべきタンクローリーをいう。タンクは、排出口が左右にあり、排出された反対側の配管内に残量が生じることになる。

この場合は、傾斜角度によって残量が変化し影響を受けやすいため、傾斜による残量の検査を行う。

傾斜検査は、ガソリンスタンドの施工基準に安全率を考慮し、2度傾斜させて検査を行う。

定義 法2条4項、施行令2条5号ロ、JIS B 8573（2011）

関連用語 タンクローリー（131 p）

■量記号

分類 計量単位

解説 ものや事象を定量的に表現するためには、量そのものの定義が必要である。メートル条約のもとで1960年に決定された国際単位系（SI）では7つの基本量とその単位（基本単位）を定義しており、基本量の乗除によって構成される多くの組立量が誘導されて各々組立単位が定義されている。この量を表す記号を量記号（斜体を用いる）といい量及び単位を規定するISO/IEC 80000及びJIS Z 8000規格群に規定されている。

<量記号及び計量単位の例>

量	量記号	単位の名称	単位記号
長さ	l（L）	メートル	m
質量	m	キログラム	kg
時間	t	秒	s

■量器用尺付タンク

分類 計量器

解説 量器用尺付タンクは、法２条４項で規定される特定計量器である。取引や証明における計量に使用されるものとして適正計量の実施を確保するため、その構造又は器差に係る基準を定める必要があると定められたもの。

車両にタンクを装着し一体になったタンクローリーの油槽にある燃料を計量するもので、そのタンクローリーと一対の量器用尺をタンク上部から底まで挿入し、量器用尺に刻まれている体積目盛りを液面で読み取り、油槽の燃料の体積を計量するもの。

量器用尺付タンクの検定方法は次の通り。

1　表記事項の検定

2　性能の検定

(1)　個々に定める性能

①最少測定量、②満タン時の漏えい、③排出時の液体の残量、④挿入口、⑤封印

3　器差検定

4　漏えい検査

定義 法２条４項、施行令２条５号ロ、JIS B 8573（2011）

■量目規制

分類　商品量目

解説　量目の規制は法10条から15条に以下の通り規定されている。

法10条では、計量販売するときの正確計量の努力義務。また、適正な計量に著しい支障を生じていると認めるときは、都道府県知事又は特定市町村の長に勧告、公表の権限を与えている。

法11条では、計量販売（長さ、質量、体積）に適する商品を販売する者は、法定計量単位を示して販売するように努める。

法12条では、計量取引される可能性の高い商品を特定商品として、量目公差を超えないように計量する。

法13条では、特定物象量に関し密封した特定商品について、量目公差を超えないように計量し、規定された通りの表記を義務付けている。

法14条では、特定商品の輸入の事業を行う者に対し、特定商品を輸入販売するときは、量目公差を超えないように計量し、省令で規定された通りの表記を義務付けている。

法15条では、量目違反行為に対し、都道府県知事又は特定市町村の長に勧告、公表、命令の権限を与えている。

定義　法10条～15条、特定商品の販売に関する政令、同省令

関連用語　商品量目（107ｐ）

■量目公差

分類　商品量目

解説　商品を計量するときに、質量計（はかり）であれば質量計の誤差があり、作業者が正確に計量したとしても内容量に不足が生じることがある。このためにある程度の誤差を法が認めている。

法で規定している許容誤差（不足のみ）が量目公差である。

誤差は、真実の量（内容量）－表す量（表記された質量）で計

算される。内容量は、風袋（ふうたい）や添付品（わさび、たれ等）を除く商品そのものの質量である。

定義 特定商品の販売に関する政令

関連用語 許容誤差（45ｐ）、商品量目（107ｐ）

■量目超過

分類 商品量目

解説 量目公差は、その商品の内容量が表示量に満たない場合（不足した状態）に適用される。反対に内容量が表示量を超えた場合、量目超過（増量の状態）となるが、この場合は量目公差の適用はない。

増量（いわゆる「おまけ」）は消費者が不利益を被るわけではないため、規制対象（量目公差）にはなっていないが、「ずさんな計量」に繋がるものとして、計量するときは正確に計量するよう努めなければならないと規定されている。

定義 法10条１項、特定商品の販売に関する政令３条１項

関連用語 商品量目（107ｐ）、正確計量義務（113ｐ）

れ

■冷凍食品

分類 商品量目

解説 冷凍食品とは、水分を固体化し品温をマイナス15度からマイナス18度以下で保存しているもので、前処理を施し、急速冷凍を行い包装された状態で、消費者が購入する直前に冷凍の状態で販売（保存）されている商品のこと。なお、マイナス15度を超える高温度で販売する場合は冷凍食品とはいわない。

■レトルトパウチ食品

分類 商品量目

解説 レトルトパウチ食品とは、プラスチックフィルム若しくは金属箔又はこれらを多層に合わせたものを袋状その他の形状に成形した容器に、調整した食品を詰めて密封し、加熱、加圧、殺菌したものをいう。

■連成計

分類 計量器

解説 連成計は、圧力計の種類の一つで、0.1メガパスカル（Mpa）より低圧部の圧力を測定するための計量器である。

圧力計のうち特定計量器は、「圧力表示機構の目盛が絶対圧力における0.1Mpa以上200.2Mpa以下の範囲内にある圧力」であるため、連成計は、特定計量器には当たらず、検定の対象とはならない。

連成計の使用される分野は、大気圧と絶対圧力の間で真空圧とされる範囲で、消防車等における水吸込み圧力の監視を行うために用いられている。

定義 消防法施行規則12条

わ

■割増料金機構

分類 検定・検査

解説 タクシーメーターの機能の一つで、別名、深夜早朝割増料金といわれている。タクシーに乗車している間のうち、夜間（例えば午後11時から午前５時）は、基本料金及び加算料金に対し２割又は３割の料金が割り増しされるシステムが採用される。

この割り増しの方法は、通常の基本料金と加算料金に割り増しするのではなく、乗車走行距離に応じて、その距離を短縮する方法が採用されている。

これには、時間と距離の併用制もあり、走行速度が10km/h未満となると時計機構が働き一定時間（２分30秒）で加算料金（例えば90円）が加算されるシステムである。

定義 JIS D 5609（2014）

関連用語 タクシーメーター（127ｐ）

計量トリビア24　食パンの１斤って？

食パンの「１斤」という表現は最近の若い人はあまり使わなくなりましたが、現在スーパーなどで６枚切、８枚切として売られているものが１斤に相当します。１斤をグラム換算すると、「１斤⇒160匁⇒600g」で、食パン１斤が600gだとするとかなり大きくなります。

食パンは西洋から入って来たものなのでポンドの単位が使われたようです。当時、ポンドを「洋斤」と称して「約450g」でした。その斤から食パンの取引単位に１斤が用いられるようになりました。

食パンの質量は水と粉が混ぜられた時の重量で、焼きあがりはもう少し軽くなります。

当時、量目表示を１斤としてある食パンの内容量がまちまちで消費者からクレームがあり、現在では公正取引委員会が平成24年５月に「食パンの表示に関する公正競争規約」を改正して、表示のルールを義務化しました。

包装食パンの斤表示（保証内容重量の表示）の義務化として「１斤」の表示と併記して「１斤は340g以上です。」を表示することになりました。

《表示例》

１斤６枚スライス

１斤は340g以上です。

計量トリビア25　ヤード・ポンドが認められるのは？

計量法の附則第５条でヤード・ポンド系単位について、航空機の運航、運送及び航空機用機器に関連した取引又は証明が認められていますが、それ以外で商品に書かれている表示がヤード・ポンド系単位で認められているものがあります。

商品の表示について旧法では、メートル系単位のみで「オンス」、「ポンド」等の単位は黒く塗りつぶしたり、メートル系単位のラベルをその上に貼り付けていました。

1980年代に日米間の貿易の不均衡としてアメリカ側からヤード・ポンド系単位表示の抹消が非関税障壁の一つとして指摘されました。

それを受けて、新法で25品目がメートル系単位と併記されている場合や一括表示でメートル系単位で表示されていれば、ヤード・ポンド系単位を抹消せず、表記してあっても可能になりました。

主なものは、半導体製造装置及びその製品、日常生活の用に供され商品のうち食料品18品目、化粧品類、歯磨き、化粧せっけん、医薬部外品８（育毛剤外８種類)、ズボン（ジーンズパンツ限定)、哺乳用具が該当します。

計量トリビア26　質量の計量単位は“g”や“kg”だけではありません。

質量計（はかり）を使用しての取引は、“○○g”のような「グラム表記」で行う取引が一般的な商取引です。

計量法では、世界的に通用している計量単位を「特殊の計量に用いる計量単位」としてその使用を認めています。

例えば、質量では、宝石の質量の計量にはカラット（ct）、真珠の質量の計量には匁（もんめ；mom）、金貨の質量の計量にはトロイオンス（oz）が規定されています。

これらをgに換算すると次のようになります。

1 ct＝0.2g　　1 匁＝3.75 g　　1 oz＝31.1035 g

電気式のはかりは、ボタン操作により計量単位を簡単に切り替えることができる機能を付加したものがあります。

この一見便利な機能があだとなり、ある調剤薬局での調剤ミスがありました。

患者（5歳）の親から「薬の量が多いのでは？」との問い合わせがあり、担当の薬剤師が確認したところ“g”で計量したつもりでいたところ“匁”の計量単位に切り替わっていたことが発覚しました。

つまり“g”と思い込んで3.75倍の調剤をしてしまったことになります。即刻、他の患者さんにも服用しないよう連絡を取り、大事には至りませんでした。

良かったですね～！　怖いですね～！

このはかりは計量単位を“g”に固定するよう設定変更し、再発防止を図りました。また、地域の薬剤師会には注意喚起を行いました。

執筆者一覧

編集・執筆

計量実務研究会

執筆者（五十音順）

小林　雄志（一般社団法人日本計量振興協会推進部部長／元東京都計量検定所）

小林　悌二（東京計量士会長／適正計量管理事業所計量士／元東京都計量検定所）

佐藤　克哉（工学博士／元一般社団法人日本計量振興協会専務理事）

村松　徳治（一般社団法人日本計量振興協会常務理事／元東京都計量検定所）

鑓田　　滋（適正計量管理事業所計量士／元神奈川県計量検定所）

サービス・インフォメーション

通話無料

①商品に関するご照会・お申込みのご依頼
TEL 0120 (203) 694／FAX 0120 (302) 640
②ご住所・ご名義等各種変更のご連絡
TEL 0120 (203) 696／FAX 0120 (202) 974
③請求・お支払いに関するご照会・ご要望
TEL 0120 (203) 695／FAX 0120 (202) 973

●フリーダイヤル（TEL）の受付時間は、土・日・祝日を除く9:00～17:30です。
●FAXは24時間受け付けておりますので、あわせてご利用ください。

キーワード式　知りたい用語がすぐに見つかる！計量実務事典

平成29年10月5日　初版発行

編　者　計量実務研究会

発行者　田　中　英　弥

発行所　第一法規株式会社
〒107-8560　東京都港区南青山2-11-17
ホームページ　http://www.daiichihoki.co.jp/

キーワード計量　ISBN978-4-474-05721-0　C2036（6）